幼儿园游戏指导丛书

你会看孩子游戏吗?
——儿童游戏中的观察与支持

主　编　邱学青　俞　洋

编委会成员（以姓名笔画为序）

丁　琪　　王　进　　江玲玲　　严文云　　李宗玉　　李静文
肖　慧　　吴彩萍　　金琴华　　周　洁　　夏　方　　童月琴

案例作者（以姓名笔画为序）

朱　宝　　刘　亭　　刘艳雯　　刘　翠　　江代一子　　江　倩
李　静　　吴卫杰　　张海燕　　周　丹　　赵梨君　　　秦　琳
徐文婷　　陶　茹　　陶媛媛　　童玉娟　　樊媛媛

江苏凤凰教育出版社
Phoenix Education Publishing, Ltd

图书在版编目（CIP）数据

你会看孩子游戏吗？：儿童游戏中的观察与支持 / 邱学青等编. -- 南京：江苏凤凰教育出版社, 2025.
1. -- (幼儿园游戏指导丛书 / 邱学青, 俞洋主编).
ISBN 978-7-5743-1451-1

Ⅰ. G613.7

中国国家版本馆CIP数据核字第2024D01N29号

丛 书 名	幼儿园游戏指导丛书
书　　名	你会看孩子游戏吗？——儿童游戏中的观察与支持
主　　编	邱学青　俞　洋
策　　划	全人教育
出版统筹	吴卫杰　汤玮玮　陈　芳
责任编辑	严小英
装帧设计	潘　颖
出版发行	江苏凤凰教育出版社（南京市湖南路1号A楼　邮编210009）
印　　刷	南京新世纪联盟印务有限公司
厂　　址	南京市江宁区诚信大道88号华瑞工业园7幢（邮编210017）
开　　本	787毫米×1092毫米　1/16
印　　张	11
版　　次	2025年1月第1版
印　　次	2025年1月第1次印刷
书　　号	ISBN 978-7-5743-1451-1
定　　价	68.00元
传　　真	025-86551305
客服电话	025-58351159
盗版举报	025-58351159　025-83658579

苏教版图书若有印装错误可向出版社调换

引 言

《3—6岁儿童学习与发展指南》提倡尊重幼儿通过直接感知、实际操作和亲身体验获取经验的需要，教师要"珍视游戏和生活的独特价值"，尊重幼儿的学习方式和特点，鼓励幼儿在游戏情境中自由选择、自主学习。幼儿自由、自主地探索、学习，让教师看到了幼儿惊人的可塑性和游戏对于幼儿发展的重要性，这激发了教师持续工作的热情和帮助幼儿成长的强烈愿望。《幼儿园保育教育质量评估指南》也明确提出幼儿园要坚持以游戏为基本活动，要注重教师专业能力建设，同时要求教师认真观察幼儿在各类活动中的行为表现并做必要记录，且要根据一段时间的持续观察，对幼儿的发展情况和需要做出客观、全面的分析，提供有针对性的支持。

观察是幼儿教师最关注且常用于了解幼儿行为表现的手段，但也最让教师感到困惑和无助。在过去的数十年间，我们一直重视研究教师对幼儿游戏的观察意识、能力等，我们发现，幼儿教师普遍存在缺乏观察意识、对身边发生的有教育价值的现象视若无睹、缺乏观察技能等问题。经过多年的研究与实践，目前，这些情况已经有了较大的改善，教师逐步增强了观察意识，提高了观察能力。然而，随着幼儿教育界对观察日益重视，且强调应基于观察指导幼儿进行游戏，我们发现有些教师对幼儿游戏的观察陷入了某些误区：有些教师误将观察理解为"使用科学的观察方法获取信息"，认为观察太难，要求太高，从而把观察技术化、神秘化；有些教师为观察而观察，对如何真正有效地理解、尊重幼儿并基于观察所获得的信息支持和促进幼儿发展并不十分明确；有些教师忙于观察、写记录，忽视或没有时间、精力与幼儿积极交往，使得师幼互动流于表面；还有些教师担心会扰乱或主导幼儿的游戏，因而面对实际的游戏情境时无所适从,对"要不要说话""能不能说话""可不可以靠近"等很是纠结,对自身作为教师在幼儿游戏中应承担的作用产生了怀疑,对幼儿园教育背景下的游戏活动应该具有的教育功能也产生了怀疑……

下面是一些幼儿教师口述的关于观察的困惑:

- 观察时,我很难看到让我眼前一亮的情景。
- 我找不到游戏中的"哇"时刻。
- 我看不到游戏中有价值、有意义的教育契机。
- 对我来说,支持幼儿深度学习,促进幼儿发展,有很大的挑战。
- 每次观察游戏,我都会写观察笔记,但是我不知道它们有什么用。

……

可见,"看不到价值点""观察难""挑战大""力所不能及"……是教师在观察幼儿游戏时遇到的最棘手的问题。

目 录

答 疑 篇

观察仅仅是收集信息的方法吗? 　　　　　　　　　　2

教师到底为什么要观察幼儿游戏? 　　　　　　　　　9

借助了观察工具,为什么还是不会观察幼儿? 　　　　13

对各年龄段幼儿游戏的观察重点有何不同? 　　　　　16

除了站在旁边看,还能怎样观察游戏? 　　　　　　　18

可用哪些方法观察幼儿的游戏? 　　　　　　　　　　22

可否提供一条简单的观察线索? 　　　　　　　　　　25

如何观察幼儿在游戏中与同伴互动的情况? 　　　　　27

如何通过观察判断幼儿操作物品的水平处于哪个发展阶段? 　33

观察,一定要有目的吗? 　　　　　　　　　　　　　41

教师为什么不会分析与解读幼儿的游戏? 　　　　　　44

如何回应与支持幼儿游戏? 　　　　　　　　　　　　49

案例篇

娃娃家的公主床（小班　角色区·户外）　　56

有趣的插接（小班　建构区）　　62

我们的春天花店（中班　角色区）　　67

泥巴美食（中班　角色区·户外）　　78

笔记本电脑诞生啦！（中班　角色区、美工区）　　88

花儿图书馆（大班　角色区、美工区）　　98

小银行取钱风波（大班　角色区）　　110

我的梦想家园（大班　建构区·户外）　　118

搭房子（大班　建构区·户外）　　129

超级无敌号：从火箭到高楼（大班　建构区）　　137

我们造了一条长长的隧道（大班　玩沙区·户外）　　145

创意编织（大班　美工区·户外、室内）　　157

答疑篇

面对热闹、多变的游戏现场和忙碌的幼儿,我们有时会遭遇多种观察困境。如何让自己的观察所得发挥作用呢?本篇主要对教师在观察幼儿游戏过程中遇到的常见困惑予以解答,帮助教师对"为什么要观察""如何观察""观察之后怎么办"等问题形成更深入的理解,产生更专业的思考。

观察仅仅是收集信息的方法吗？

有的教师纠结："带班过程中，很难使用那些科学的观察方法，怎么办？"其实，方法只是帮助教师达成目的的工具和手段，如果观察仅仅是对方法的运用，就不能起到帮助教师解决教育中所遇到的问题的效果。在教育研究方法谱系中，观察涉及方法论和具体的观察方法、技能。方法论层面的观察是一种研究方法，即观察研究。它和调查研究、实验研究、行动研究等并列，涉及全部观察过程，包括成功观察和记录幼儿行为所必须经历的所有准备步骤，等等。这种科学研究显然不是幼儿教师所擅长的。

幼儿教师在教育实践中的观察到底是什么？仅仅是记录看到了什么吗？幼儿教师利用观察方法收集了大量有关幼儿游戏的信息，却经常发现这些并不会对教育实践产生什么影响。实际上，教师要关注运用方法观察到的幼儿的行为，而不应专注于观察方法本身，仅仅运用观察方法收集资料是远远不够的，由观察所获得的具有典型意义的幼儿行为表现，以及所形成的各种记录等，是评价幼儿的重要依据。

观察是幼儿教师必备的专业意识

《幼儿园教师专业标准（试行）》明确倡导幼儿教师要有"关爱幼儿，尊重幼儿人格，富有爱心、责任心、耐心和细心""遵循幼儿身心发展特点和保教活动规律，提供适合的教育，保障幼儿快乐健康成长"的专业信念和意识。只有拥有主动了解幼儿、观察与记录、分析与反思的意识，具备观察的敏感性和自觉意识，教师才能主动了解、发现幼儿。

下面是某个游戏分享场景中的两幅图，也是常见的教师和幼儿一起互动、谈话的样态。多数幼儿以马蹄形围坐在外圈，四名幼儿在圈内坐成一排。图1中，当教师请右后方的女孩发言时，坐在圈内的四名幼儿或转过身体或扭过头看向女孩。当发现幼儿有这种行为时，教师常见的做法可能有三种：第一种,用手把内圈的幼儿一一扶正,让他们面向教师坐好;第二种,帮助幼儿调整座位,方便他们与其他同伴进行交互行为;第三种,忽略或视而不见。三种不同的做法,体现了教师不同的教育理念:选择第一种做法的教师能发现幼儿转身的行为,却未考虑幼儿行为背后的原因,直接把幼儿扶回到正确坐姿;选择第三种做法的教师可能缺乏观察意识。图中的教师选择了第二种做法,她拥有敏锐的观察意识,能捕捉到幼儿这个动作背后的需求,她选择尊重幼儿,帮他们调整了座位。

图 1　中间的幼儿转身看发言的幼儿　　图 2　所有幼儿都能对视

拥有敏锐观察意识的教师,能从细微的小事中读懂幼儿的需求并予以合理满足,这是教师专业素养的一种体现。当这种观察意识渗透在教育生活的方方面面,拥有这种意识的教师不需要刻意进行有目的的观察,也不需要进行记录与分析,就能让观察助力教育行为。

观察是幼儿教师发现、了解信息的专业能力

《说文解字》指出,"察"即"覆审也",意即翻来覆去地将细枝末节都看清楚,《新书·道术》中也指出"纤微皆审谓之察"。[1] "观察取决于我们理解和解释眼睛(还有耳朵……所有感官)从外界获取的原始(未经解释说明的)刺激(raw stimuli)的能力。"[2]《幼儿园保育教育质量评估指标》的第 29 条,

---

[1] 林山. 说"查"道"察"[J]. 咬文嚼字,2008(7): 25.
[2] [美] 沃伦·R. 本特森(WARREN R.BENTZEN). 观察儿童——儿童行为观察记录指南[M]. 于开莲,王银玲,译. 北京: 人民教育出版社,2009: 3.

对教师的专业技能提出明确要求:"善于**发现**各种偶发的教育契机,能**抓住**活动中幼儿感兴趣或有意义的问题和情境,能**识别**幼儿以新的方式主动学习,及时给予有效支持。"教师要想有效地"**发现**""**抓住**""**识别**"幼儿在游戏中的行为表现,就必须先通过观察获取信息。观察幼儿的游戏既是幼儿教师的重要职责,也是幼儿教师专业能力的体现。下面这个游戏观察案例就显示了教师的专业能力。

游戏教研时间,有教师看见小班超市货架上物品稀少,娃娃家的妈妈来买鸡蛋,但超市营业员回答没有鸡蛋。该教师由此产生疑问:不同年龄段的"超市"游戏中,究竟应该怎样提供物品,才能满足幼儿的需要呢?

图3 小班超市

为了解小、中、大不同班级"超市"游戏的材料和布局情况,该教师对三个年龄段的游戏进行了纵向观察,下面是她的发现。

小班超市环境布局比较封闭,通道不畅,容易造成拥挤;物品随意放置在一两个材料筐中,其余筐子空置,既不利于幼儿寻找、发现需要的物品,也浪费收纳空间。

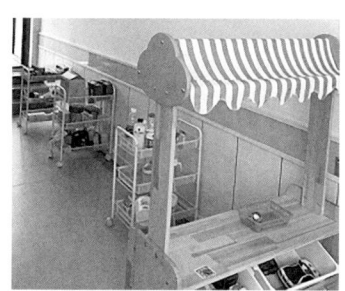

图4 中班超市

中班超市与小班相比,货架上的物品数量虽有所增多,但还是偏少,且物品以完整的包装盒为主,这些物品是否真是幼儿喜欢的,还有待进一步观察。

大班超市的物品种类丰富且数量充足,重视布局的细节,比如货架上有标示物品种类及价格的标牌,标牌上用不同数量的圆点表示物品不同的价格,还有收银设备。

图5 大班超市

结合分析结果，该教师建议三个班的超市做出调整。

小班超市：将货架并排摆放，以增强环境的开放性，便于幼儿走动；增加贴近幼儿生活经验的成品玩具，玩具的种类要少，但同种玩具的数量要充足；增加实物照片，引起幼儿对已有生活经验的回忆。

中班超市：增加可操作的玩具，让幼儿在游戏中有事情可做。以幼儿对游戏的兴趣为基础，丰富玩具、材料的种类和数量。比如，提供一些半成品，使幼儿可以迁移经验，用它们制作超市的面点、蔬菜等；提供书写绘画用的纸和笔，让幼儿自己对玩具和材料做分类整理、自己画简单的标签等。

大班超市：大班幼儿生活经验更加丰富，已经能关注超市中物品的价格，能将其分类摆放，喜欢在收银的过程中关注价格，因此，教师可以提供反映事物细节特征的物品，引导幼儿用数字等多种方式标记物品；还应注重发展幼儿自己发现问题、解决问题的能力，重视幼儿经验的提升，促进幼儿当前经验与领域学习经验之间的联系。

案例中，这位教师通过观察发现小班超市环境设置存在的问题后，她首先以纵向视角对不同年龄段的超市进行观察，收集信息，就好像医生收集病人的体温、血压等数据一样，以便通过分析数据形成治疗方案。随后，基于观察到的问题，结合幼儿年龄及游戏的特点，提出了改进建议——合理运用游戏活动空间并调整游戏材料。该教师能挖掘环境中所蕴含的教育价值，能进一步支持、引发、促进幼儿在游戏中获得全面发展。案例充分展示了教师敏锐的观察能力。

观察是幼儿教师以感官"看"、以心智"读"的专业行为

肖正德认为：观察行为是在意识的引导下，对教育对象的行为信息进行分析与解释的过程；教师的观察行为是一个专业的行为系统。[1] **观察行为是幼**

---

[1] 肖正德. 专业主义视野下教师观察行为之发展[J]. 教育研究与实验, 2009(1): 56-60.

儿教师借助感官或一定的手段、工具，运用一定的观察方法，**捕捉发生在幼儿活动中的各种信息并加以分析与解释的过程**。也就是说，观察行为由外显的"看"和内心的"解"（即分析与解读）构成。《幼儿园教师专业标准（试行）》要求教师"主动收集分析相关信息，不断进行反思，改进保教工作"。该要求包含了"收集分析""反思""改进"三层含义，这说明观察行为不只**是收集信息的过程，更是分析、反思、做出行动的过程**。观察行为是幼儿教师在真实的教育情境中收集与幼儿有关的各类信息并做出回应的一系列外显活动。①

《幼儿园保育教育质量评估指标》第 27 条对教师的专业行为提出了要求："认真**观察**幼儿在各类活动中的行为表现并做必要**记录**，根据一段时间的持续观察，对幼儿的发展情况和需要做出客观全面的**分析**，提供有针对性的**支持**。不急于介入或干扰幼儿的活动。"上述内容非常明确地阐明了教师的观察行为是一个**"观察、记录、分析、支持"**四要素兼具的、持续的、完整的过程，只有观察或记录，没有分析以及后续的支持，并不会对幼儿的发展起到任何有效的促进作用。

中班娃娃家的桌上摆着许多叉子、勺子、盘子和碗，两个煤气灶上分别放着一口锅。轩轩从材料库里拿来了一些玩具玉米，他把这些玉米放在其中一口锅里，左手一把勺、右手一把叉，笑眯眯地做着炒菜的动作。炒了一会儿后，他把玉米倒进了另一口锅里，继续做炒菜的动作。教师看见轩轩反复、熟练地做出炒菜的动作，初步判定他的游戏水平处于熟练掌握阶段。但幼儿为什么会出现这样的行为？他对炒菜的"经验在哪里"②？教师对此产生了好奇。为了验证自己对幼儿游戏水平的判断，教师便通过聊天了解轩轩的经验。

老师："你在忙什么呢？"　　以问题了解幼儿的游戏想法。

---

① 李琳，郭力平，鄢超云，等. 幼儿园自由活动中教师观察行为的有效性及其提升对策 [J]. 学前教育研究，2018(3)：25-34.
② 这种说法是教师牵引自己观察和支持幼儿游戏的三条线索（即"幼儿的兴趣在哪里？""幼儿的经验在哪里？""幼儿的能力在哪里？"）之一，其作用是提醒教师关注真实的幼儿，并从科学的儿童观、游戏观等角度思考幼儿游戏中的问题。

轩轩（笑着）："我们家有两个（口）锅！"

老师："两口锅烧什么呢？" 顺着幼儿的回答，以追问了解幼儿游戏的情节。

轩轩："我在烧玉米呢！你看。"

老师："我家有三口锅。"

轩轩："我家里有两个（口）锅！"

老师："你家有两口锅，我家里有三口锅，但是我家里的锅不是像你这样用的，不是把菜放到一口锅里烧一烧，再放到另一口锅里烧一烧的。" 基于幼儿的游戏现状，以游戏者的身份给幼儿提供不一样的经验，让幼儿明白锅有不同的用途，从而达到隐性指导的目的。

轩轩笑着没说话，手上继续做烧菜的动作，同时听教师讲。

老师："我家里的锅，一口是烧汤的，一口是烧菜的，一口是烧肉烧鱼的，每次烧的时候就（把菜）放在一口锅里，不会换来换去。" 在看到幼儿没有反馈后，继续以具体的语言描述锅的不同用途，引发幼儿思考自己换锅"烧"同一种"菜"的游戏行为。

轩轩立刻指着自己的两口锅，说："那我们家这两个（口）锅，可以这个（口）锅烧玉米、这个（口）锅烧菜。"

老师笑着对轩轩点点头，说："嗯！"

轩轩："这两个（口）锅也可以一个（口）烧菜、一个（口）烧肉。"

老师："也可以啊，很好呀！"

中班幼儿在娃娃家重复做出操作物品的动作，这是可以理解的。当通过"看"发现轩轩长时间不断重复已掌握的较为熟练的动作时，教师初步判断该名幼儿对物品的操作水平处于熟练掌握阶段（参见后文"如何通过观察判断幼儿操作物品的水平处于哪个发展阶段？"），教师没有着急介入，同时在内心思考"幼儿为什么会出现这样的行为？""他对炒菜的'经验在哪里'？"为了解幼儿的经验，同时进一步验证自己的判断，教师与幼儿聊天，了解到幼儿当前的经验仅限于"炒菜"这个游戏情节，因此出现了"用两口锅炒同一个菜"的行为。教师随后顺应游戏情节发展的轨迹，遵循幼儿对"炒菜"的兴趣和需要，将"区分不同锅的用途"这一意图渗入聊天中，帮助幼儿获得"不同的锅有不同的用途"这样的经验，引导幼儿生发"用不同的锅烧饭、烧菜或烧肉"等游戏行为。这正是教师专业能力的体现。如果教师不仔细观察，不思考观察到的现象背后的深层原因，就不会产生与幼儿聊天的行为，就不能了解幼儿的内心想法，也就找不到介入幼儿游戏的切入点，不能引导幼儿朝着意义创新阶段发展。

综上，教师要通过观察从幼儿游戏中**收集**幼儿的行为信息，在**分析与解读**信息的基础之上，再进行**回应**与**反思**，以支持每一名幼儿的学习，拓展其学习领域。

教师到底为什么要观察幼儿游戏？

常言道："幼儿教育，观察先行。"对幼儿游戏进行观察绝对不是一件浪费时间的事情。观察不仅有助于教师跳出对"普遍意义上的儿童"的认知，了解实践中"独特的儿童"的兴趣、需要和已有经验，还能优化教师自身的知识结构，促进教师反思、调整和研究。随着儿童年龄的增长，他们身体的成长和发育遵循着明确的时间顺序，按部就班地进行着，与此同时，儿童的生活自理、社会性、语言等方面的能力也有了一定的发展，然而，有些儿童可能比同龄儿童发展得超前一些，而有些儿童发展得相对滞后，各年龄阶段儿童的发展呈现不平衡的状态。《幼儿园教育指导纲要（试行）》提出，教师在组织与实施活动时，要"**善于发现**幼儿感兴趣的事物、游戏和偶发事件中所隐含的教育价值，把握时机，积极引导"。认真观察日常生活和游戏中幼儿的需要和兴趣，基于幼儿的发展水平科学合理地规划幼儿在园的一日生活，是幼儿教师的重要职责。对于幼儿游戏的指导，必须建立在观察的基础之上。

观察有助于了解幼儿的游戏兴趣和经验

在幼儿园实践中，教师常常困惑于不会观察，不知道该如何支持幼儿开展游戏。对这个问题，我们应基于不同的情境来分析。

在中班"消防队"角色游戏中，教师为幼儿提供了消防帽、消防服、灭火器、攀爬梯以及救护人员的救护装备等材料，但发现幼儿的游戏仅仅停留在"救火"上——不是假装打119电话，就是大声呼喊"失火了，失火了！快去救火啊！"，他们对于装扮道具、救护装备、攀爬梯等材料并不感兴趣。幼儿拿着灭火器，兴奋地在教室里蹿来蹿去……场面一片混乱。面对这种情况，教师不知所措，不知道该从何下手指导幼儿的游戏。

从这个案例中，我们可以获得如下信息：

第一，教师看到的现象——幼儿只满足于"救火"的行为，对于教师提供的消防帽、消防服、攀爬梯、救护装备等材料并不感兴趣。

第二，教师心中的思考——幼儿的游戏为什么会出现混乱的场面？

第三，教师困惑的问题——后续该如何进行指导？

教师的确在游戏中观察了幼儿，发现他们的兴趣集中在"救火"这一情节上。其实，之所以会出现混乱的游戏场面，是因为教师缺乏对幼儿前期经验的观察和了解，盲目投放了成人认知中的消防器材作为幼儿游戏材料，而这些消防帽、消防服、灭火器，以及户外场地上的攀爬梯和救护人员的救护装备，幼儿真的了解吗？他们关于这些材料的经验在哪里？因此，教师除了要观察幼儿的游戏现场，还应了解幼儿的前期经验。只有了解幼儿的经验起点、兴趣和需要，才能为幼儿创设适宜的游戏环境。

观察有助于读懂幼儿的游戏行为

幼儿在游戏中对于"玩什么""怎么玩""在哪里玩""和谁玩"都有自己的想法，他们在游戏中表现自己的兴趣和经验，教师只有通过观察并追随幼儿的步伐，才能读懂幼儿的游戏行为，才能"站在儿童的立场"有效地支持幼儿游戏。

中班"理发店"游戏中，理发师以娴熟的动作反复给顾客剪发，且一直在一侧剪。此时老师介入说："该换一边了，不能老是在一边剪。"于是，幼儿从顾客的右边挪到左边，继续给顾客剪发。

我们可以从两个角度来分析、思考这名教师的支持行为：

对于教师来说，她达到了自己的指导目的，但她帮助幼儿提升了什么经验呢？从幼儿的行为来看，他依然停留在原有的关于剪发的经验层面，并没有获得新的经验。

从幼儿的角度来说，他是否真的需要教师的帮助？教师应思考自己是否读懂了幼儿的游戏行为。或许此时幼儿对物品的操作水平就是处于熟练掌握阶段，就是满足于重复地、一遍一遍地"剪发"，那么教师可以放慢节奏，给予幼儿充分的游戏空间和时间；而当幼儿长时间、持续地停留在这个游戏情节，或者出现无所事事的状态时，教师可以鼓励幼儿"剪"另外一边，或引导幼儿思考除了"剪发"还可以做什么等，帮助幼儿延伸、拓展关于理发的经验。

教师只有通过观察真正了解清楚幼儿所思所想，并在此基础上做出相应的介入游戏的行为，才能保证指导的有效性。否则，随意地介入幼儿游戏，既不尊重幼儿的想法，可能导致幼儿"不领情"，又容易干扰游戏的氛围。

观察有助于有效地介入并支持游戏

如果观察不能有效帮助教师支持幼儿深度学习、促进幼儿发展，长此以往，教师对幼儿游戏活动的观察意识和能力会不断减弱，观察将偏离幼儿的发展需要，使得观察失去其应有的意义和价值。

观察是教师从幼儿的语言、动作、表情中获得直接的信息，分析他们的需要、个性和发展水平，从而为教育教学提供依据。[1] 观察能搜集到真实的第一手信息，有利于教师更全面、客观地认识幼儿，避免单凭主观印象评价幼儿。[2]

上文"消防队"游戏案例中，教师没有了解幼儿的前期经验和对消防的真正兴趣，根据成人的认知提供了广而全的游戏材料，或许教师预想着幼儿会按照生活中的场景有序开展"救火"游戏，因此，在面对游戏场面混乱、游戏情节单一的情况时，教师显得无措，无法提供有效指导。为了让幼儿更好、更高水平地开展游戏，教师或许可以采取下面几种措施。

第一种：提醒幼儿扮演不同的角色，在游戏中教给幼儿一些消防知识。

第二种：通过游戏分享，引导幼儿了解"消防队"游戏应有的情节。

---

[1] 劳凯声. 教育学 [M]. 天津：南开大学出版社，2001：137.
[2] 曾广慧. 观察记录——评价幼儿的重要依据 [J]. 早期教育，2003(7)：35.

第三种：结合主题活动，丰富幼儿的经验。
第四种：带领幼儿参观消防队。
第五种：请家长带幼儿了解关于消防的诸多信息。
第六种：提供有关消防的图画书。
……

不管运用哪种方式，都必须重视对幼儿兴趣、已有经验和能力的观察与了解，否则，难免会出现"说教""灌输""导演"的局面。

借助了观察工具，为什么还是不会观察幼儿？

纵观国内介绍游戏观察方法的相关教材，不难发现，幼儿教师在职前学习或职后培训中，接触到的常用的幼儿游戏观察工具主要有两个，即帕顿的社会性发展水平观察指标和皮亚杰基于幼儿认知发展水平而确立的游戏发展阶段理论。然而，在长期的实践研究过程中，我们逐渐发现它们对教师提升幼儿游戏指导水平的作用并不够显著。

孤立强调社会性发展水平的顺序，可能影响教师的判断

帕顿认为，人的社会性发展水平包括六个层次：无所事事、旁观、单独游戏、平行游戏、联合游戏、合作游戏。帕顿"通过对观察资料的分析，发现儿童的社会性行为发展依年龄的增长表现出顺序性，如较小的儿童……单独游戏多，尔后渐发展到平行游戏，再发展到集体联合游戏和合作游戏"。[①] 对这样的顺序性的认知已深入幼儿教师的意识，教师大都能根据帕顿的社会性发展水平指标来观察幼儿在游戏中人际互动的状态，能比较容易地识别出幼儿的社会性发展水平。然而，帕顿孤立地强调社会性发展水平的顺序，可能会影响教师的观察、判断，这主要表现在以下两个方面。

第一，忽视幼儿的游戏状态，简单以年龄判定幼儿的游戏水平

教师在实践中观察到幼儿某个瞬间的行为，会片面地从幼儿年龄的角度纵向区分幼儿的游戏水平，简单判定幼儿的社会性发展水平是"滞后"了还是"超前"了，随即教师凭幼儿的点状行为进行盲目干预。比如，一名大班的幼儿喜欢一个人玩而非和同伴一起玩，教师就判定其发展水平"滞后"；而当小班幼儿一起玩游戏时，教师认为这是幼儿间的合作行为，即幼儿的社会

---

① 王坚红. 学前儿童发展与教育科学研究方法 [M]. 北京：人民教育出版社，1991：83-84.

性发展水平"超前"。当幼儿表现出"超前"的社会性发展水平时,教师一般不会干预,但当发现幼儿长时间处于"滞后"的社会性发展水平时,教师一般会带着促进幼儿社会性发展的意图介入幼儿游戏。

第二,忽略幼儿个体发展的差异和幼儿间的互相影响

因性别、年龄、兴趣、成长经历、游戏经验、气质类型等的不同,同一个班或者同一游戏群体中的幼儿会呈现不同的游戏状态、风格,表现出不同的社会性发展水平。比如,在大班"首饰店"游戏中,有些幼儿会很快确定游戏伙伴,与伙伴分工穿项链、手链,制作发簪等,表现出合作游戏的水平,而有的幼儿则会站在一旁默默观察,一段时间后他才开始选择材料,模仿观察到的操作方法制作饰品,呈现出旁观和单独游戏的水平。幼儿之所以出现旁观或单独游戏的行为,可能是因为他没有玩过类似的材料或游戏,缺乏对饰品、材料的经验。幼儿常见的类似表现还有:在合作进行的建构游戏中,可能仅承担辅助性的工作,比如寻找搭建材料;在娃娃家的周围走来走去,一段时间后,通过提供材料、询问自己是否可以一起玩或提供游戏想法等方式加入游戏……

游戏是幼儿进行社会交往的重要媒介,在游戏中,他们可以通过模仿互相学习,其发展水平很可能多次出现进步、退步,发展阶段会多次转换,尤其会经常进入或退出平行游戏——这可能是幼儿观察他人、判断交往时机、发展自我调节能力的行为表现。

因此,教师既要了解幼儿间的相互关系,也要关注幼儿的个体发展差异,关注幼儿在游戏中的行为和状态,以综合判定幼儿的游戏水平。

缺乏观察指标的认知发展视角,可能使教师顾此失彼

瑞士心理学家皮亚杰从认知发展的角度来划分幼儿游戏发展的不同阶段,为我们判断不同年龄阶段幼儿主要的游戏类型提供了一种依据。皮亚杰的理论强调幼儿在与环境互动的过程中建构自己的知识体系,随着自身逐渐成熟,

幼儿会经历连续的几个发展阶段。但是，由于缺乏对皮亚杰游戏发展阶段理论的深入理解，加之该理论自身缺乏具有操作性的观察指标，教师很难根据幼儿的认知发展水平来判断幼儿的游戏发展水平。

第一，以认知发展水平来划分游戏类型，可能使教师偏重认知类游戏

皮亚杰认为，幼儿的认知发展水平导致了不同的游戏发展阶段，他将游戏分为练习性游戏、象征性游戏、结构游戏和规则游戏等。他认为2—7岁的幼儿处于前运算阶段，开始使用语言来表达思想，但他们的思维受限于具体事物，他们缺乏抽象思维能力，表现出自我中心主义和泛灵论的特点。基于前运算阶段幼儿思维的发展特点，皮亚杰强调2—7岁幼儿的游戏属于象征性游戏阶段，4岁是象征性游戏的高峰时期。但他只是从单一维度阐释了认知发展对区分游戏类型的作用，没有阐释游戏对认知发展的促进作用，加之人们习惯于关注游戏的结果而忽视游戏的过程，就导致结构游戏、规则游戏比象征性游戏更受重视，象征性游戏在幼儿认知发展过程中的独特价值经常被忽视。

第二，缺乏深入的、具有操作性的观察指标，使教师无法有效指导游戏

由于皮亚杰的游戏发展阶段理论对提及的每一类游戏均缺乏更深入的、具有操作性的观察指标，教师对各类游戏的观察重点认识模糊，只能机械、片面、孤立地看待游戏，不清楚如何深入观察每一类型的游戏；对小班、中班、大班幼儿游戏行为的特征缺乏深入的了解，很难判定游戏中幼儿行为的经验层次和年龄适宜性，也就难以判断当前游戏中幼儿的认知发展水平。也就是说，教师最多可以根据皮亚杰游戏发展阶段理论判断幼儿游戏的类型，但不知道如何判定当前游戏中幼儿处于怎样的认知发展水平，因此无法对幼儿游戏做进一步指导。

对各年龄段幼儿游戏的观察重点有何不同?

我们发现,幼儿教师十分关注"不同年龄段幼儿的游戏如何体现层次性""教师应重点观察哪些方面""如何推进及评价"等问题。幼儿是游戏的主人,不同年龄段的幼儿都喜欢玩游戏,他们在游戏中会表现出一些共同的特点,但由于幼儿年龄不同,他们在兴趣、需要、经验、能力等多个方面均有差异,各年龄段幼儿在游戏情境中的表现也会不同,因此,在观察他们游戏时各有侧重点。

对小班幼儿游戏的观察重点

小班幼儿的游戏主要是平行游戏,往往满足于操纵、摆弄物品。他们对物品的需求是"别人有的,自己也要有"。小班幼儿对相同物品的需求多,游戏中的矛盾主要为幼儿之间关于物品的矛盾。因此,对小班幼儿游戏的观察重点应放在幼儿对物品的使用上,应重点观察他们是使用真实物品还是使用假想的物品、是否会使用其他物品替代一些物品。

小班幼儿的游戏还属于象征性游戏的上升期,他们热衷于角色游戏、建构游戏,并以"家"为经验原点,模仿、再现与生活经验相关的情节。因此,观察小班幼儿游戏还可以关注幼儿是否有角色意识;是重复模仿单一游戏片段,还是将几个片段组合在一起;是自己玩还是和别人一起玩;等等。

对中班幼儿游戏的观察重点

随着认知能力的发展、生活经验的丰富,中班幼儿的游戏情节比小班幼儿丰富,他们的游戏属于象征性游戏高峰期。中班幼儿常常会扮演着一个角色却做多个角色的事情。例如:一名男孩扮演公交车司机,当没有"乘客"来"乘车"的时候,他就跑到超市去"购物"、跑到医院去"看病"……他带着一个角色身份，与各游戏区域的幼儿互动。也正是因为中班幼儿的这个特点，导致他们与同伴之间冲突频发。

同时，幼儿在游戏中存在着因玩具或材料而结成的现实伙伴关系和因扮演行为而形成的角色关系。中班幼儿往往会带着自己的角色与别人交往，且想与更多的人交往，但缺少交往技能，对于规则的掌握不够充分。下面这个例子就很好地阐释了中班幼儿游戏的特点。

在"菜场"游戏中，涛涛扮演卖菜的人，他一边用油泥做蔬菜，一边接待顾客。此时另一名幼儿强强加入游戏，他环顾菜场一周后，便将挂在墙上表示"开门"的纸板翻到另一面，显示"关门"。涛涛看见后，立刻跑过来，试图再把纸板翻回"开门"状态，强强却不同意。于是，两人争执不休，连续三次翻转纸板。教师过来询问。原来，强强认为菜筐里没有多少蔬菜了，可以先关门，等菜做好了再开门；涛涛则认为筐里还有菜，可以边做边卖。

对中班幼儿游戏的观察重点应该放在幼儿与幼儿的冲突方面，包括规则上的、交往技能上的、使用的物品上的冲突，以及他们解决冲突的策略方面。

对大班幼儿游戏的观察重点

随着生活范围的进一步扩大及能力的增强，大班幼儿的游戏不断产生新的主题，新主题与原有经验会因为不和谐而产生冲突。比如，幼儿玩了一段时间"公交车"游戏，由于假期中，有的幼儿与爸爸妈妈坐游轮出行，这些幼儿就生成了"开游轮"的新游戏，但是幼儿在新游戏中仍然沿用陆路的交通规则，即红灯停、绿灯行、黄灯亮了等一等。大班幼儿在当下游戏中运用已有经验创新的能力，幼儿间的相互交往，包括合作、分享、解决矛盾的方法与策略等，就应成为教师观察的重点。同时，由于大班幼儿即将升入小学，其专注、投入、创新、坚持等良好的学习品质与学习习惯，也应成为观察的一个重点。

除了站在旁边看，还能怎样观察游戏？

我们发现，大部分教师在对幼儿游戏进行观察时，是以旁观者的身份在幼儿的旁边边看边记录，除非有安全隐患或幼儿发生矛盾冲突，教师一般不会与幼儿互动，致使有的教师误以为"观察即检查、观察即旁观、观察无法计划"①。其实，观察不光要用眼睛看，还需要用耳朵听、用嘴巴问，如此，才可能获得全面、真实的信息。

教师如果缺乏对幼儿游戏的主题、角色、情节等的深入观察与了解，仅凭自己看到的幼儿忙忙碌碌的场面而进行判断，就有可能在头脑中形成对这一场面的主观反应，不由自主地把观察到的事件与自己的经验挂钩，以自己预先想好的情节去要求和指导幼儿游戏，这就很可能脱离幼儿的实际经验。因此，除了用眼睛看之外，还需要结合倾听与询问来了解幼儿的游戏，这样才能保证信息的完整性和准确性。

用眼睛看，发现幼儿外显的行为轨迹

游戏是幼儿自主选择的活动，在游戏过程中"玩什么、怎样玩"都应由幼儿自己决定。教师作为旁观者，静下心来观察，能发现幼儿想象的天真、行为的可爱，会惊叹于幼儿的创造力，进而带着欣赏的目光去关注幼儿，这会给幼儿带来极大的鼓励和成就感。用眼睛看，可以使教师发现幼儿外显的行为轨迹。

用耳朵听，捕捉幼儿表达的游戏经验

用耳朵听，就是我们常说的"倾听"，这是幼儿园教育情境中教师了解幼

---

① 於金艳. 区域游戏中幼儿教师观察行为的研究 [D]. 南京师范大学, 2019: 65.

儿的想法、经验、情绪情感与态度等信息的重要方式。幼儿教师通常会在游戏活动前、游戏进行中、游戏结束后，倾听幼儿关于游戏的想法、在游戏中遇到的困难等，并获取和梳理相关信息，作为支持幼儿有意义学习的依据。

听，既包括听幼儿话中传达的直接意思，也包括听幼儿的话外之音。比如，在蛋糕店中，有幼儿说"不能吃蛋糕，吃了牙齿会疼"。幼儿真是这样想的吗？幼儿的话反映出家长的教育痕迹，隐藏了他自己的真实喜好。若家长说"没事，偶尔吃一次也可以"，幼儿就会变得开心、雀跃。

在下面这个案例中，教师只专注于用眼睛看幼儿的游戏行为，并通过分析，得出"扮演宝宝的幼儿存在不良情绪，需要进行指导"这个结论。但事实真的如此吗？

在中班的娃娃家中，三名幼儿分别扮演爸爸、妈妈和宝宝[①]。爸爸、妈妈围绕"给宝宝喂奶"这一情节积极地进行对话与互动。扮演宝宝的男孩始终蹲在柜子的一角，不说话，也不主动与爸爸、妈妈互动。他蹲在垫子上，一会儿摸摸耳朵，一会儿摇摇身体，当爸爸问他要不要喝奶、要不要吃饭时，他点头回应，但爸爸把吃的放在他身边时，他没有动手。妈妈也来了，妈妈把冲好的奶直接塞进他的嘴巴里，他吸了一口，便不动了……

教师的分析

该幼儿在活动中沉默寡言，且很少与同伴互动。考虑到这名幼儿性格活泼，他今天应该是心情不好或是身体不舒服，他将自己"包裹"起来，抗拒外界的活动。他需要掌握一些自我调节的方法，以调节自己的不良情绪，继续与同伴做游戏。

幼儿的真实想法

在过渡环节中，幼儿相互聊游戏中发生的事情，教师听到扮演宝宝的幼儿说："今天我在娃娃家里扮演了一棵树。"

可见，仅通过"看"获取的信息并不完善。上述案例中，教师凭自己的

---

① 编者注：本案例中的角色分工，仅是教师从自己的观察出发做出的判断。

观察和想法进行主观臆断，并以"心情不好或是身体不舒服"来简单判定幼儿的状态。其实，幼儿在游戏中扮演的是一棵树，在幼儿的认知中，"树"就是需要安静地生长的，偶尔与周围的人互动，因而他在游戏中再现了这种认知。

幼儿在游戏中以表情、动作、语言、图画等"诉说"自己的角色、自己的工作、自己的想象，教师要智慧地倾听，才能了解幼儿的真实想法，捕捉幼儿的真实需要。

用嘴巴问，探寻幼儿内心的真实想法

幼儿的游戏不仅是一种看得见的行为，更是一种内部体验活动。当游戏中的幼儿通过言行等反映自己已拥有的经验时，他们有着自己的内在逻辑，教师只有了解幼儿的所需、所想，理解幼儿不同的发展需要，才能避免凭主观意愿不切实际地空洞说教，才能促进每名幼儿在原有的水平上得到发展。

例如，某教师发现大班的超市没什么"顾客"，但喜欢玩"超市"游戏的幼儿还是愿意待在超市重复摆弄物品。教师希望帮助幼儿提升游戏水平，于是，在并未询问、了解幼儿对超市没有"顾客"的看法的情况下，教师建议超市的"工作人员"画海报招揽"顾客"。很快，幼儿把画好的图贴在超市门口，但还是没有人来超市"购物"。教师远远地看见了幼儿画的图，感觉很奇怪，她走过来问幼儿："你画的是什么呀？"幼儿回答："你让我画的海豹呀！"

又比如，教师发现小班的一名男孩反复地

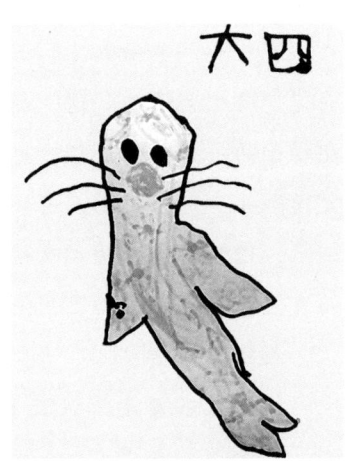

图1 幼儿画的"海报（豹）"

图2 幼儿"放"的"鞭炮"

将纸杯重叠放在地上,并开心地围着纸杯转悠。他在做什么呢?教师走近,询问男孩,男孩回答:"过年了,我给宝宝放鞭炮呢!"

可见,要想了解幼儿游戏的真实情节,教师必须通过询问让幼儿说出游戏的假想情节和自己以物代物的想法。只有了解幼儿的真实想法,捕捉到幼儿的需要,教师才能避免盲目指导;只有建立在幼儿需要和兴趣基础之上的指导,才是幼儿喜欢和乐于接受的。

可用哪些方法观察幼儿的游戏？

将科学的观察方法应用于对幼儿游戏的研究，一直备受关注。在观察全体或部分幼儿的游戏时，扫描法和定点法是教师常用的两种方法。

运用扫描法进行观察

扫描法要求教师对班里的全体幼儿平均分配时间，在相等的时间段里对每名幼儿轮流"扫描"。它能帮助教师迅速掌握幼儿游戏的整体情况，如了解幼儿选择了哪些游戏主题、使用了什么材料、扮演了哪些角色等，通常在游戏开始或结束时较多运用此法。

但在实践中，因为游戏时间有限、游戏人数多、游戏情况复杂多变等情况限制，教师没有充足的时间和精力对全体幼儿进行"扫描"，因而可能出现一些误区。有人对教师使用扫描法观察游戏的情况进行了研究，研究发现，教师的观察时间很短，几乎只看一秒，主要表现为教师"边走动边看""边转动身体边看"，对某名幼儿及其行为、某个区域的游戏情况只瞥一眼，不驻足注视，也不通过询问了解游戏的内容与幼儿的想法。教师的观察内容停留在通过眼睛看到的外显的、表面的、散点式的、碎片化的现象上，找不到别人眼中的"哇"时刻，看不见"不一样的儿童"。我们以下面这个案例[①]来做阐释。

教师走到桌面建构区，看到大班幼儿然然和俊一在搭建积木。幼儿在A桌子上搭建积木，B桌子在A桌子的旁边，两张桌子之间隔着一条空隙，两名幼儿在这条空隙处搭建了一个小建筑。

老师："请你们把玩具归拢到A桌子上好吗？你们这个玩具，一张桌子够玩了吧？把桌子拼好。"

---

① 於金池. 区域游戏中幼儿教师观察行为的研究[D]. 南京师范大学, 2019: 23.

说完教师拉动两张桌子，将其间的空隙合上。

然然（指着他们在空隙处搭建的小建筑）："可是这是我们搭建的桥。"

教师没有回应，直接离开。

然然又把两张桌子拉开，并和俊一说："我们继续搭桥吧。"

7分钟过后，教师再次来到桌面建构区，看到两张桌子之间有空隙，又直接将它们并在一起。之后幼儿就没有再继续搭桥。

案例中，教师以扫描法观察幼儿的游戏，两次看见两张桌子之间有空隙，在没有了解幼儿留出空隙的原因的情况下，就直接按自己的想法并拢两张桌子。教师没有多花一些时间观察幼儿的行为、了解他们的游戏内容，即使幼儿告知教师他们在搭桥，教师也不尊重幼儿的游戏意愿，选择直接介入，破坏了幼儿的游戏兴致，阻碍了游戏情节的发展。

实际上，教师"对观察重要性的信仰程度"影响教师能否主动观察幼儿，教师"对观察必要性的信仰程度"影响教师选择是否去观察幼儿。不科学的观念导致教师常常只会短暂地"秒看"，使观察结果孤立、片面，最终造成幼儿教师"有观无察"，难以发现连续性的、有价值的、有意义的教育契机。

运用定点法进行观察

定点法指教师固定在某个区域，对区域中的幼儿进行持续的观察。它赋予教师现场感，教师能持续、完整地观察游戏的情节、幼儿的游戏行为及幼儿与他人的互动，听到幼儿的全部语言等，能记录幼儿游戏情节的变化和前后顺序，并针对幼儿的行为给予及时的指导。教师定点观察的时间有长有短，这与教师分配的观察时间、幼儿游戏情节的持续性等因素相关。与此同时，定点观察使教师能及时了解到其介入指导的效果，有助于教师反思、调整自己的指导行为。下面的案例[①]呈现了教师通过定点观察"发现问题—介入指导—继续观察指导的效果"这一完整过程。

---

① 於金滟. 区域游戏中幼儿教师观察行为的研究[D]. 南京师范大学, 2019: 28-29.

小班教师走到洗衣店,此时店里的衣服全部堆在地上,教师注视了约27秒,发现店里的工作人员鑫鑫一直在旁观娃娃家的幼儿玩游戏,于是教师介入其中。

老师:"你好,你帮我把这件衣服洗了好不好?"

鑫鑫拿起刷子刷了刷衣服,刷完后直接把衣服递给教师。

老师:"这个衣服都是湿的,没有晒干,也没有叠整齐,我不要的。"

鑫鑫拿起衣服晾在衣架上。

老师:"那我一会儿来拿好吗?"

……

老师:"鑫鑫,衣服晒好了吗?"

鑫鑫:"好了。"

鑫鑫将衣服从衣架上取下。

鑫鑫:"但是,先要叠一下。"

鑫鑫开始叠衣服。教师注视幼儿叠衣服约20秒。这时来了另一名顾客然然。

然然对鑫鑫说:"老板,我也想洗衣服。"

鑫鑫将叠完的衣服交给教师,教师没有立即离开,而是继续站在一旁注视着鑫鑫的行为,注视时间持续了约1分钟。鑫鑫按照刚才教师的要求将衣服拿起来刷了刷,并挂在衣架上晒,最后他将晒好的衣服叠好递给然然。教师随即离开。

案例中,教师通过"发现问题—介入指导—继续观察指导的效果"的方式,较为完整地了解了"洗衣店"游戏中幼儿的已有经验和游戏水平,并验证了自己介入指导的有效性,助推了幼儿经验的发展。

可否提供一条简单的观察线索?

新手幼儿教师观察幼儿游戏时通常缺乏明确的观察目的和娴熟的观察技能，通常走到哪里就看到哪里、走马观花、蜻蜓点水，觉得观察时没有抓手、力不从心。有些教师虽然有明确的观察目的，但不知道从哪些角度或沿着什么线索去观察，常常花费了很多时间，却捕捉不到有价值的信息，不了解幼儿在游戏中的兴趣、需要及能力水平，便无法有效地支持幼儿，不能促进幼儿的发展。

观察线索提示了观察的要点。观察者参照线索的提示来观察幼儿的游戏，可以增强观察的目的性，有利于在观察中收集到有价值的信息，为有效指导游戏奠定基础。

与游戏环境相关的观察线索

- 创设的环境（布局、材料）是否适宜？
- 空间是否拥挤？能否满足幼儿的活动需要？
- 幼儿对哪个区域最感兴趣？哪个区域中人数最多？
- 幼儿在游戏中热衷于干什么？
- 幼儿偏好的玩具和材料有哪些？
- 幼儿如何使用玩具和材料？
- 激发幼儿游戏兴趣的因素是什么？
- 幼儿操作玩具和材料的方式、方法，反映了他们怎样的经验？
- 幼儿经常或长时间玩的游戏是什么？

与幼儿相关的观察线索

- 幼儿最喜欢的游戏伙伴是谁?
- 幼儿之间是如何互动的?
- 幼儿自言自语或与同伴说话的情况,哪种多,哪种少?
- 幼儿在游戏中有什么冲突或新的创意?
- 游戏中是否有无角色意识、无所事事的幼儿?
- 幼儿的言行中表现出哪些新经验?如何挖掘这些经验的价值?
- 新游戏是否有利于发展幼儿自身的经验或能力?
- 幼儿的学习品质、学习习惯,以及对常规的理解与遵守情况怎样?
- 幼儿是否会自己解决游戏中的问题?
- 幼儿是否有控制情绪的能力?遇到困难时有怎样的表现?
- 幼儿的游戏技能水平如何?

如何观察幼儿在游戏中与同伴互动的情况？

长期以来，幼儿教师利用帕顿的社会性发展水平观察指标仍然不能达到有效观察幼儿游戏的目的。豪威斯（Howes）扩展、细化了帕顿的观察指标，弥补了帕顿的理论单纯、孤立地强调社会性发展水平顺序的局限性。豪威斯的"同伴游戏评定表"不仅能帮助教师辨识幼儿在游戏中的社会性水平，还能帮助教师捕捉到与之相关的背景和幼儿使用材料的情况。

"同伴游戏评定表"的优势

第一，细化了观察指标

为保证观察到所有的社会性游戏，豪威斯设计的"同伴游戏评定表"增加了"单独游戏"类型（即"零水平"），更详尽地细化了观察儿童社会性游戏行为的指标，方便教师更有效地分析儿童的社会性游戏，尤其是平行游戏。同时，还增加了"成人参与""游戏场景""游戏材料"等指标，以帮助使用者获取更加丰富、全面的信息。

豪威斯将儿童的社会性发展与游戏类型相结合，从"儿童社会性互动的复杂程度""儿童在互动中所达到的互补

表1 同伴游戏评定表①②

日期		
单独游戏（零水平）		
平行游戏（水平一）		
有意识的平行游戏（水平二）		
简单的社会性游戏（水平三）		
互补/互惠游戏（水平四）		
合作性社会假扮游戏（水平五）		
复杂的社会假扮游戏（水平六）		
成人参与		
场景和材料		

---

① JAMES E. JOHNSON, JAMES F. CHRISTIE, THOMAS D. YAWKEY. Play and Early Childhood Development. 2nd Edition. New York：Longman，1999：230.
② 编者注：原表的表头横排，此处为了适应本书的版面，将表头竖排。

程度""在组织和维持游戏的过程中使用语言的程度"三个维度,以及六个水平层面,提出了儿童游戏的观察指标,并对儿童的社会性游戏技能进行细致的描述。

水平一:平行游戏

儿童在相互之间间隔不到一米的空间里进行同样的活动,但没有眼神或言语的交流。例如,在建构区中,几名儿童坐在一起,各自沉浸在自己的游戏世界中,同伴之间无交流的意识。

水平二:有意识的平行游戏

有眼神触碰的平行游戏。儿童能意识到同伴的存在及其活动,虽无更进一步的社会性交往行为,但他们会偶尔看一眼对方或是对方正在进行的游戏,经常模仿他人的游戏。

水平三:简单的社会性游戏

儿童参与到同类型的游戏活动中,相互间有对话、交换物品、相互微笑等社会性交流。例如,搭积木的儿童可能会互相评论所搭的建筑物(如"真是妙极了!")。

水平四:互补/互惠游戏

儿童参与到社会性游戏或"基于互助性行为"的游戏中来(一名儿童的行为模仿另一名儿童)。例如,一名搭积木的儿童可能借给另一名儿童一块积木,而接受积木的儿童也可能将自己的一块积木给对方。"躲猫猫"和追逐游戏都属于这一类型。

水平五:合作性社会假扮游戏

在参与社会性游戏的过程中,儿童能扮演互补的角色。从儿童的角色行为中能很容易地辨识出其所扮演的角色,无须凭借外在的标签,比如角色牌、角色标记等。

水平六:复杂的社会假扮游戏

游戏中,既有社会性游戏,又有关于游戏的元交流,即儿童在游戏时既能专注于假装扮演的角色,也能跳出(或暂时离开)角色展开交流。例如,对角色进行命名和分配角色("我是妈妈,你是爸爸"),提出新的游戏情节（"假装我们在丛林里迷路了"），修改已有的情节（"我不想烧饭了，我们去图书馆拿些书吧"），对其他同伴做出提示（"图书馆里的书只能借不能买"）……

第二，进一步明确了儿童社会性游戏发展的规律

首先，指出高水平游戏形式的出现具有连贯性。平行游戏（水平一、水平二）会随时间的推移而减少，互补/互惠游戏（水平四）和合作性社会假扮游戏（水平五）以及复杂的社会假扮游戏（水平六）会随时间的推移而增加。正常情况下，没有一名儿童的游戏水平发展顺序会逆转"同伴游戏评定表"中上述五个水平的顺序。

其次，指出简单的社会性游戏（水平三）并没有随儿童年龄的增长而消失。33%的儿童直到4岁才表现出复杂的社会假扮游戏行为。我们可以理解为，任何年龄阶段的儿童都随时可能出现简单的社会性游戏行为。

运用"同伴游戏评定表"观察幼儿游戏的流程

步骤一：选定一名在游戏中社会交往水平较低的儿童作为观察对象。

步骤二：对该儿童进行多次观察，检测他的社会性游戏行为，以判断他的同伴游戏水平。

如果儿童刚进行的是平行游戏，就需要关注他与同伴是否有目光交流，没有就是水平一，有则是水平二；如果是与几名儿童在一起玩，仅有社会性交往，那就是水平三，如果他与同伴出现互补/互惠游戏行为，就是水平四；如果该儿童在游戏中使用假装性的语言与他人交流，就是水平五；如果游戏中该儿童能做计划、会组织游戏，则是水平六。

步骤三：综合考察各项指标，确保观察真实有效、指导有的放矢。

当发现一名儿童总是独自玩游戏，很少和同伴一起玩，那么教师应该去了解哪个区域是他愿意和同伴一起玩的，可以鼓励他在那个区域多玩一段时间；而有的儿童，只有在成人参与的情况下才愿意参与同伴游戏，那教师就

应该直接参与其游戏,提升其社会性水平。如果教师在观察过程中发现有的儿童长时间一个人操作游戏材料,不能简单地依据帕顿的社会性发展水平观察指标来判断其处于单独游戏阶段,而应该借助豪威斯的"同伴游戏评定表"仔细观察。下面的案例中,两名儿童"制作电脑"的几个游戏场景,可以让我们看到两种分类方法的区别。

场景一:设计"电脑屏幕"——有社会性行为吗?

形形在美工区找了个纸盒盖,随即用勾线笔在上面写了几个英文字母,写完又画了起来。

旁边的米米看到后,问:"你写这些干什么?"

形形:"这是电脑屏幕上面的文件。"

米米:"那你为什么还画一个花瓶?"

形形:"这是电脑的屏保啊,每个电脑上面都有的。"

图 1 形形设计"电脑屏幕"

若基于帕顿的社会性发展水平观察指标,教师将获得这样的判断:"在该游戏场景中形形独自在纸板上画画,设计电脑屏幕,处于单独游戏阶段;米米观看形形在做什么,但不加入,米米处于旁观阶段。"但无法获得更多的信息。

图 2 形形制作好的"电脑屏幕"

但如果借助豪威斯的"同伴游戏评定表"来评判,就可以发现,儿童之间出现了"发出声音""询问"等直接的、简单的社会性行为,但幼儿还没有进行合作游戏。

场景二：设计"键盘"

形形在班级材料筐内翻找，找到一块和电脑屏幕差不多大的纸板，并在上面画起来。她先画了横线和竖线，再在格子里写了一些英文字母、数字以及汉字。差不多写满左侧2/3格子的时候，她突然停下来，不知道该在右侧空着的格子里写什么了。

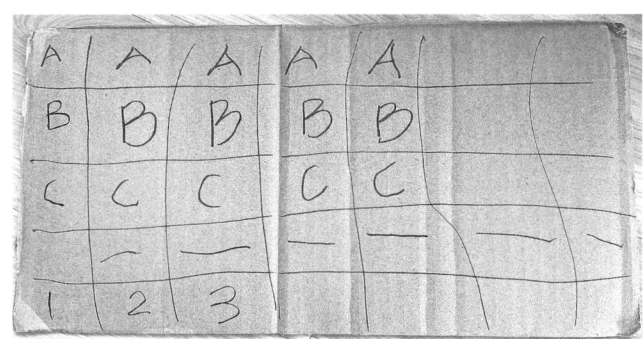

图3 半成品"键盘"

图4 米米尝试设计"键盘"，形形与米米进行讨论

米米看见形形在设计键盘，也从材料筐里找了一块纸板，坐在形形旁边画起来。米米把纸板一分为二，她在左边写了数字1-26，在右边写了一些大写的英文字母。形形看见以后，和她讨论起来。

形形："你画的也是键盘吗？"

米米："是的，我画的这个键盘有26个数字，还有一些字母。不过我只会写这些字母，其他的我不会写。"

形形："D、E、Q……你这个好，一会儿借我用一下，好吗？"

米米："好的。"

键盘做好后，形形又去美工区找了一块光滑的、椭圆形的石头。她在上面画了几笔，放在键盘旁边，当作鼠标。

图5 形形做的"鼠标"

教师若依据帕顿的社会性发展水平观察指标对上述游戏场景进行记录，可能会出现这样的描述："彤彤设计键盘，米米观察后也尝试设计键盘，两名幼儿还一起讨论、互相学习。彤彤认为米米的键盘好，米米答应将自己的键盘借给彤彤用，可见，这时两名幼儿有相同的游戏目的，处于合作游戏阶段。"但对于她们合作游戏的具体内涵缺乏进一步的分析。

如果借用豪威斯的"同伴游戏评定表"，教师可以获得更细的信息：两名幼儿在游戏中有与同伴合作的行为倾向，能意识到各自的角色；幼儿间既有水平三的简单的社会性交流，也有水平四的互补/互惠的意识与行为，她们处于水平五合作性社会假扮游戏阶段。

场景三："电脑屏幕"不倒了

电脑做好了，彤彤发现电脑屏幕总是会倒下。她尝试摆放了几次，仍然立不稳。米米跑到美工区翻找材料，她找出了三个吸铁石。两人一起摆弄吸铁石，将其压在电脑屏幕的底部，还调整了吸铁石之间的距离。这下电脑屏幕终于不倒了。

图6　固定"电脑屏幕"

"在该游戏场景中，彤彤和米米共同操作材料加固、稳定电脑屏幕，两名幼儿处于合作游戏阶段。"这是教师依据帕顿的社会性发展水平观察指标可能写下的观察记录，除了判定两名幼儿处于合作游戏阶段外，并无更多有利于了解、分析幼儿游戏过程的信息，而对于合作游戏是否需要指导、其中是否存在什么问题等，不得而知。

而利用豪威斯的"同伴游戏评定表"，教师能揭示同伴间社会性互动的复杂性，可以发现案例中的两名幼儿虽处于互补/互惠游戏阶段，但彼此间并没有交流。这就提示教师可把指导重点放在促进幼儿思考、交流"电脑屏幕"总是倒的原因和使其不倒的方法上，助推幼儿提升经验。

如何通过观察判断幼儿操作物品的水平处于哪个发展阶段？

游戏中，面对同样的玩具材料，同一年龄段幼儿和不同年龄段幼儿在操作物品方面有什么不同？如何根据幼儿在游戏中操作玩具、材料时的动作等判断幼儿的游戏处于什么发展阶段？怎样判断接下来幼儿将朝着哪个方向发展？3-M[①]互动观察法给教师提供具体的抓手，可以帮助教师观察、确定每名儿童的发展水平，确保材料和活动符合儿童当前的兴趣、需要和能力水平，并对儿童的身体和智力发展有一定的挑战性，激发并保持儿童参与活动的热情。

3-M 互动观察法的内涵及其特点

贝蒂（Janice J. Beaty）改编了儿童认知发展方面的知识，并将其转化为易于应用的观察方法。她发现，在几乎所有情况下，儿童的发展都要经历某些连续的、可观察的互动阶段，这些互动阶段与儿童的成熟程度和经验水平直接相关。教师如果能识别这些阶段，就能确定儿童在游戏活动中与材料、活动的互动水平，继而进一步提供适合儿童年龄和发展阶段的材料。教师观察并记录儿童的游戏、行为和与物品互动的情况，以评估他们的发展水平，进而达到设计和调整课程及教学活动的目的。

心理学家们常常使用"探索性游戏""练习性游戏"和"象征性游戏"来描述儿童在与环境中的物品和活动进行游戏性互动时所经历的三个阶段，贝蒂将其改编为"操作阶段""熟练阶段""意义阶段"，这对观察与分析学前儿童的行为而言更具意义。

---

① 即操作（manipulation）、熟练（mastery）和意义（meaning）。

操作摆弄阶段[①]

操作是儿童与环境中的事物开展游戏性互动的最初阶段,也是认知心理学家称之为运用身体摆弄材料的探索性游戏阶段。儿童对周围环境里的东西是什么、怎么用、能做什么等不清楚,表现为开始探索**不熟悉**的物品或活动,以多种**不恰当的方式**进行尝试,直到他们知道东西的用途以及如何操作为止。比方说,小婴儿吃自己的小脚丫、把玩具放进嘴里、拍打婴儿床、扔玩具、用玩具敲打等。又比如,在娃娃家用扫帚给"宝宝"洗澡,把动物玩偶放在锅里"煮"等。无论年龄大小,所有儿童在使用材料时都会经历这个阶段。处于该游戏阶段的儿童表现出以下典型特点:

第一,无目的地操作、摆弄物品。

如在户外推着椅子四处游荡;拿着某个玩具胡乱敲打,乱扔玩具或者拖着玩具到处乱跑;在积木区将积木块装进容器,之后倒出,表现出"填充—倾倒"的探索性活动。大都是无目的地、不按照常规玩法玩玩具。

第二,年龄越小,停留在此阶段的时间越长。

熟练掌握阶段

一旦儿童能够控制材料,他们就自然进入对材料的熟练掌握阶段,即认知心理学家所说的练习性游戏阶段。表现为儿童一遍一遍重复一个相同的动作,就像他们在练习或自我训练一样。例如,如果他们学会了架高的建构技能,就会在一段时间内反复地在两个平行竖立的柱状积木上横架一块积木,表现出搭建桥梁的游戏行为;在娃娃家切"菜"、把"菜"放到锅里"炒"、"炒"好后把"菜"盛到碗里,并不断重复该组动作;把积木堆高、推倒,再堆高、再推倒,或者重复地利用搭建技能进行围合、排列,反复搭建高塔、道路;等等。重复行为在儿童智力发展过程中发挥着至关重要的作用。处于该游戏阶段的儿童表现出以下典型特点:

[①] 编者注:作者基于贝蒂对幼儿游戏划分的三个阶段进行了调整。

第一，阶段不可逆转，处于此阶段的儿童很少回到上一阶段，即操作摆弄阶段。

对于相同的材料，儿童如果已处于熟练掌握阶段，则很少会再回到无目的的操作摆弄阶段，因为他们已经知道材料的正确使用方法。

第二，任何一个年龄段的儿童都有反复、重复相同动作的行为。

第三，处于该游戏阶段的儿童以正确的方法有目的地使用材料。

意义创新阶段

当儿童经过操作摆弄阶段最终控制了媒介或材料，并通过熟练掌握阶段满足了内心的练习冲动，他们对物品的操作就会进入更高的水平阶段。如果他们的认知能力发展得足够好，他们将赋予材料或活动以意义。处于该游戏阶段的儿童表现出以下典型特点：

第一，与材料的互动方式基本相同。

即使在完全不同的教育机构中，处于意义创新阶段的儿童在使用相同的材料时也会自发采用相同的与材料互动的方式。

第二，能否达到该阶段与年龄大小无关。

任何一个年龄阶段的儿童都有可能处于意义创新阶段，在与材料互动的过程中，小班幼儿的表现未必就比大班幼儿差。

比如，"在建筑物内放置人物、动物或车辆"是意义创新阶段的典型行为，图1-图3分别是小班、中班、大班幼儿搭建的建筑物，他们均运用了围合的建构技能，虽然熟练程度不同，但他们赋予建筑物的意义是相同的，因此他们对物品的操作水平都处于意义创新阶段。

图1 小班幼儿搭建的"动物园"

图 2　中班幼儿搭建的"房子"　　图 3　大班幼儿搭建的"城堡"

又如，小班、中班和大班幼儿搭建的"飞机场"，尽管因为搭建技能不同以及幼儿的经验存在差异，三个建筑物呈现出的效果各不相同，但幼儿都将作品命名为"飞机场"，他们都处于给物品命名的意义创新阶段。

图 4　小班幼儿作品　　图 5　中班幼儿作品　　图 6　大班幼儿作品

此外，需要指出的是，儿童操作物品的水平所处的发展阶段不会由阶段一直接跨越到阶段三，因为处于阶段一的儿童的认知发展水平不足以支持他们给物体或活动赋予意义。因此，熟练掌握阶段是从操作摆弄阶段到意义创新阶段的必经阶段。

运用 3-M 互动观察法的注意事项

三个阶段呈递进趋势，其区分方法与年龄无关

就个体发展而言，不能以小班（3—4 岁）、中班（4—5 岁）、大班（5—

6岁)三个年龄段直接划分幼儿操作物品所处的三个发展阶段,虽然基本上每名幼儿都会经历这三个发展阶段,但是他们的发展速度不同,并非年龄越大,幼儿所处的发展阶段就越高;不同年龄段的幼儿可能处于同一个发展阶段,甚至可能会出现颠倒现象,即大班幼儿所处的发展阶段比小班幼儿低。

下面的几张图片,说明了在同一主题和不同主题的游戏中,不同年龄段幼儿操作物品所处的发展阶段可能会出现颠倒现象。

在娃娃家中,5岁的大班幼儿在面对桌上一堆蔬果玩具时,频繁地操作摆弄,一会儿把它们放在手中把玩,一会儿用盘子把它们装起来,他们对物品的操作水平明显处于操作摆弄阶段。而3岁的小班幼儿则重复用盘子来装蔬菜、水果玩具,并将其堆放在桌子上,他们对物品的操作水平处于熟练掌握阶段。

图7 5岁幼儿处于操作摆弄阶段

图8 3岁幼儿处于熟练掌握阶段

在美工区,3岁的豆豆将泥搓长、搓圆、压扁、叠高,将其制作成"生日蛋糕",他赋予泥以生日蛋糕的意义,处于意义创新阶段;在娃娃家中,4岁的毛毛将树叶等材料放进锅里反复搅拌,做成"汤",他处于熟练掌握阶段;在户外游戏中,5岁的轩轩用颜料在涂鸦墙上随意地涂涂画画,他处于操作摆弄阶段。

图9 豆豆(3岁)制作的"生日蛋糕"

图 10　毛毛（4 岁）反复搅拌"汤"　　图 11　轩轩（5 岁）涂鸦

同一年龄段的幼儿对物品的操作水平可能分别处于三个发展阶段

不同的幼儿，进入三个发展阶段的速度不同，且各阶段持续时间的长短主要取决于他们的年龄、经验，取决于他们身心发展水平是否有一个新的"突破"。同一年龄段的不同幼儿可能处于不同的阶段。这里有两种情况。

第一种：同一年龄段的不同幼儿，在相同的游戏中，对物品的操作水平处于不同的发展阶段。

在同一个年龄段中，幼儿存在个体差异，对物品的操作水平就有可能处于不同的发展阶段。因此，教师应给予每名幼儿充足的时间，引导他们进行自发的、自我教授的学习活动。例如，在小班"公交车"游戏中，有的幼儿娴熟地扮演公交车司机，在假装的情节中与"乘客"互动，认真检查"乘客"是否"刷卡"或"投币"，处于意义创新阶段；而有的幼儿则满足于"乘车"的情节，反复"上车下车"，处于典型的熟练掌握阶段；还有的幼儿远远地看着，或者因做出与"乘车"不相符的行为而遭到同伴的拒绝，这可以归为一种不正确的探索行为，该幼儿处于操作摆弄阶段。又如，下面三张图片呈现了小班幼儿在建构活动中的不同表现，图 12 中，中间那名幼儿满足于"占有"积木，她将积木一块块放置在自己的区域中，却并不用积木来搭建，因此，她对物品的操作水平处于操作摆弄阶段；图 13，是幼儿重复用长方形、三角形积木和小长方体积木搭建的"道路"，反映出该幼儿对物品的操作水平处于熟练掌握阶段；图14，是另一名幼儿的搭建作品，他先用圆弧形积木拼出圆形作为"小院子"，然后在"小院子"中间用两块半圆形积木拼出圆形底座，并在上面摆放圆柱和三角形，搭出"小亭子"，这些都说明该幼儿对物品的操作水平已达到意义创新阶段。

图12 幼儿（中间的）"占有"积木

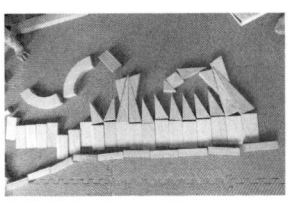
图13 幼儿用积木重复拼搭，形成"道路"

图14 幼儿用积木搭建"小院子"和"小亭子"

由此可见，教师应充分放手，让幼儿自己体验操作物品的过程，让幼儿在与环境中的材料互动的过程中建构自己的知识经验。教师将知识告诉幼儿或向幼儿展示应如何做，并不会增进他们的理解，事实上还有可能降低幼儿自身的成就感。

第二种：同一幼儿在相同的游戏情境中对物品的操作水平可能处于不同阶段。

同一幼儿所处的发展阶段并非一成不变的，它会随着环境、材料、游戏情节的发展而发生变化。幼儿与某类材料的互动情况会随游戏的发展而产生变化，比较典型的是：如果选择使用新材料，幼儿会表现出操作摆弄水平；如果使用熟悉的材料，幼儿就会表现出熟练掌握水平或意义创新水平。

小乖想制作一个牛仔包，她选择了一个牛仔口袋，随后在桌边坐下，在纸上画出设计好的款式。然后她去美工区挑选了自己喜欢的丝带，用剪刀快速剪下一截，带回到自己的座位上。她把丝带放在牛仔口袋上比画了一下，发

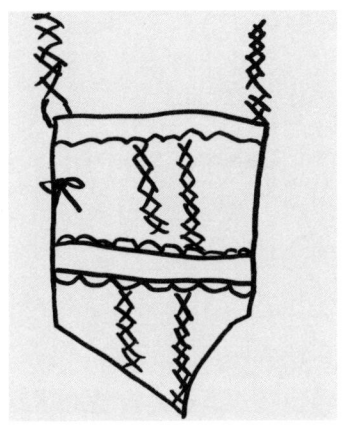
图15 小乖设计的牛仔包款式

如何通过观察判断幼儿操作物品的水平处于哪个发展阶段？

现丝带太短了,于是立即丢下手上的丝带,准备去美工区剪一段更长的丝带。

皮皮:"小乖,你刚才剪的丝带不要啦?"

小乖:"嗯,太短了,做不起来。"

皮皮:"太浪费了,小乖你不能浪费丝带。"

小乖:"我想(把丝带)剪得和我的包一样长,剪了才发现不够。"

她再次跑到美工区,不是去剪丝带,而是找来了一把卷尺。她把尺子的一端和牛仔口袋的一边对齐,此时牛仔口袋的另一边与尺子上的数字"4"对齐。测量好后,小乖拿着尺子来到美工区,按照测量出的长度,在丝带上量出相同长度,然后剪了下去。剪完丝带,小乖回到座位上又比了一下,发现丝带的长度刚刚好,这下她满意了,开始装饰牛仔口袋。

图16 小乖用尺子测量牛仔口袋的长度

图17 小乖用尺子量出相同长度的丝带

图18 小乖用丝带装饰牛仔口袋

案例中,小乖刚开始通过目测判断丝带的长短,当发现目测不准时,她先用尺子测量牛仔口袋的长度,随后将尺子放在丝带上,按照之前测量的结果裁剪出长度合适的丝带。小乖从目测到使用尺子测量,可见她了解尺子的功能和使用方法,并能将这种经验迁移运用到游戏中,她对丝带、工具的使用从操作摆弄阶段发展到了熟练掌握阶段。同时,小乖用图画方式设计自己喜欢的包包样式、选择合适的牛仔口袋、运用丝带装饰,有计划、有目的地制作了一个牛仔包,她以新颖且具有创造性的方式使用材料,又达到了意义创新阶段。

观察，一定要有目的吗？

困扰教师的一个最大的问题是，观察一定要有目的吗？观察目的从哪里来？教师常常会提问："当观察到的现象远离事先预定的观察目的时，该怎么办？"其实，教师应清楚地认识到，对幼儿游戏进行观察的目的是了解幼儿某方面的行为及其意义，从而更好地对幼儿开展指导，而不是为了观察而观察。

观察前要思考为什么观察、想要观察的内容

众所周知，观察与随意的看不同，观察之前首先要思考为什么要观察、希望发现哪些现象。当明确了为什么要观察、想发现什么问题后，教师就有了观察的目的。例如，今天教师在游戏区提供了新的材料，需要观察幼儿与新材料的互动情况，以便在后续活动中及时调整材料的种类或数量等，这就是明确的观察目的。

而有经验的教师，对于幼儿的身心发展特点、经验的范围等心中有数，就比较游刃有余，在幼儿游戏时，发现什么值得观察就观察什么。他们的观察甚至不一定有计划、有目的，他们只是随意观察，就能了解幼儿游戏的情况，发现幼儿游戏中存在的问题。

观察是松散的，不需要具体的观察目标！

明确观察目的能帮助教师聚焦观察的领域范围，提醒教师关注幼儿的水平，密切注意幼儿在游戏中的状态，发现并欣赏幼儿的能力。教师在每次观察幼儿游戏时，**不需要具体的观察目标**，比如，在了解幼儿间的语言交往情况时，教师可以预设"了解幼儿同伴间的语言交往情况"这个观察目的，但是不要预设"幼儿在同伴交往过程中使用了哪些语言"这类观察目标，因为如果有了特别具体的目标，观察就难免会加入教师的主观成分。

当观察发现违背观察意图时,顺应幼儿,调整目的

当观察到的现象违背观察意图时,教师要暂时放弃自己原来的观察意图,而应顺应幼儿的节奏,看看到底发生了什么,即应及时调整观察目的。教师要视幼儿的发展情况灵活调整观察目的,如果观察目的远离幼儿当前的经验和发展情况,不仅不能有效促进幼儿发展,反而会因教师的主观意愿而阻碍幼儿发展,下面这张观察记录表反映出来的问题便是例子。

表1 ×××幼儿园观察记录表[①]

日期	2013.4.25	起始时间 结束时间	10:00 10:30	观察者	王老师
幼儿姓名	笑笑		幼儿年龄	6岁	
环境	(简介观察时的场景环境及材料情况) 活动室				
观察目的	深入观察性格内向孩子的表达能力。				
观察目标	1. 幼儿学会用理做事,会用礼貌用语。 2. 幼儿能够熟练地使用普通话。				
观察记录	(发生了什么?具体描述真实情景中幼儿学习、探究的实际行为) 笑笑小朋友是个性格内向的孩子,无论什么活动都不积极、不主动,有时甚至站在一边,不敢靠近。无论老师或小朋友提出什么问题,讨论气氛多活跃,她一向扮演的都是观众角色。她与人交流时从来不说普通话,放学时,她妈妈来接她,她用土话和我说:"老师,再见。"我故意和她说:"你说什么?我没听见啊!"并亲切地和她说:"再和老师说一遍好吗?"她看看我,没说就跑了。				
分析评价	(学习了什么?请结合《指南》等内容,解读、评价幼儿的学习行为) 笑笑性格内向,不喜欢说话,而且从小生活在爷爷奶奶家,所以不习惯用普通话,没有养成良好的语言表达习惯,而且不敢去尝试做自己喜欢的事情。				
支持策略	(下一步怎么做?提出下一步的指导计划) 1. 和她谈话,主动和她聊天,活动中经常鼓励她。 2. 让她与性格外向的孩子搭配组合。 3. 多与她用普通话交流,影响其语言表达习惯。				

此例中,观察目的"**深入观察性格内向孩子**的**表达能力**"可能涉及三方面内涵:

[①] 编者注:表中内容来自幼儿教师的真实观察记录,所有字意均未做改动。

第一,"深入",即教师希望通过观察获得较为详尽的相关信息。

第二,关注"性格内向孩子",可能教师希望更好地帮助孩子。

第三,关注幼儿的"表达能力",或许是因为该幼儿不愿意表达,或表达能力有限。

观察目标是对观察目的的具体化,后续的观察记录、分析评价和支持策略等是助力目标达成的重要依据和途径。统观该教师的观察记录表,会发现有这样几个问题:首先,观察目标——"1. 幼儿学会用理做事,会用礼貌用语。2. 幼儿能够熟练地使用普通话。"——偏离了观察目的。其次,从观察记录的内容看,并没有显示出"深入"观察,记录缺乏现场感。最后,对幼儿的分析与评价较主观,缺乏事实和理论依据,所以由此得出的支持策略也浮于表面,不观察也同样能使用这些策略。

综上,这位教师设置这样的观察目的等于没有目的,她并没有想清楚为什么要观察,只是为了观察而观察。长此以往,该教师对观察难免会产生畏惧、怀疑的心理,观察也会流于形式。

教师为什么不会分析与解读幼儿的游戏？

对幼儿的游戏要近距离地观察，游戏中的教育现象及意义不会自己"跳"出来告诉教师教育契机在哪里，因此，观察中和观察后的分析与解读十分重要——这是给记录下来的信息赋予教育意义的过程。

分析与解读是内在的心智活动

分析与解读是思维的过程，是通过某种知识或经验媒介反映客观事物，通过间接的方法推断出对事物或现象的认识。例如，某人早晨起床看见窗外一片白茫茫的，于是便推断昨天夜里下大雪了。他并没有直接感知到下雪，而是以"下雪后四周会白茫茫的"这个经验为媒介间接推断出来的。在幼儿教育领域，丰富的实践经验和理论知识，是幼儿教师的推断结果符合幼儿教育规律性的保证。如果对观察到的信息不会加以分析、解读，可能是因为教师缺乏相应的知识或灵活运用知识的能力，从而出现"凭感觉""不会"分析、解读的困境。

教师观察幼儿游戏时的分析、解读行为，可能只是一个飞快的、不易察觉的过程，在这种情况下，教师仍应快速地将观察到的幼儿行为与幼儿的游戏水平、心理发展特征、教育目标和幼儿发展领域等相匹配，从而清晰地分析与解读幼儿的游戏行为。

分析与解读需要专业理论的支持

幼儿教师在日常工作中进行了大量观察，存储了各种各样的电子文件、纸质观察记录，保留了丰富多彩的观察视频和照片。面对一堆观察记录资料，教师常感到无从下手、不会分析、不会解读，其根本原因是：理论学习不够，或生搬硬套，缺乏科学依据，对幼儿游戏的特点把握不够，对幼儿的年龄特点认识不足，因此很难将观察到的信息与儿童发展、教育目标等关联起来；道听途说的理念太多，不知道以什么标准进行分析和反思，导致对幼儿游戏行为的分析、解读内容雷同。例如，观察了建构游戏，教师就从材料运用、建构水平、表征和想象等方面进行概括性分析，忽略了幼儿在游戏中的真实行为表现，将概括等同于解读，教师不能以全方位的视角运用理论分析幼儿的游戏行为，出现非此即彼的现象。又如，有教师困惑："有时发现建构游戏中幼儿的社会性表现较为明显，但不确定应该分析其建构水平呢还是分析其社会性发展水平。"面对这样的问题，教师在解读幼儿的游戏行为时，需要专业理论的支持，并将幼儿萌发的兴趣、需要与教育目标及已有的课程资源等关联起来，看到幼儿的潜能，优化课程实施过程。

分析与解读需要减少固有的习惯性反应

对游戏行为进行有意识的分析与解读，应避免个人观念中对幼儿的固有认识，不以猜测或判断性的语言描述幼儿的游戏行为。分析幼儿的游戏行为，一定要站在客观、理性的角度，要善于发现幼儿的闪光点；尽可能从纵向发展的角度分析幼儿的游戏行为，减少横向的比较；避免以成人司空见惯的、习以为常的经验和视角来看待幼儿的游戏行为，避免不加分析地将实然行为等同于应然行为而导致教师看不到幼儿独特的、有价值的、可记录的信息的情况。教师可以结合《3—6岁儿童学习与发展指南》的精神，围绕游戏经验对应的领域，对幼儿游戏行为进行解读；也可以结合学习品质、学习习惯以及其他领域的内容进行解读；还可以运用所学理论，匹配儿童的行为表现，深思熟虑、有意识地加以分析和判断，从而避免受制于条条框框，使分析与解读流于形式。

教师的分析与解读往往是一个飞快的、习惯性的、经验性的行为过程，难免带入成人的视角和主观意愿。下面是编者在幼儿园收集到的一位教师连续三天对一名幼儿的观察记录，该教师每天观察三次，共记录了幼儿在九个时段的游戏情况。这三张表的内容集中呈现了教师观察、记录、分析、解读幼儿游戏行为时容易出现的问题。

表1　×××幼儿园观察记录表[①]

班级	中5班	幼儿姓名	雯雯	观察日期	10.15
	时间：8:30（第一次观察）		时间：10:20（第二次观察）		时间：15:20（第三次观察）
描述性记录	他来到美工区，拿起橡皮泥玩了**一会儿**，随即放下，又拿起水彩笔涂起颜色，过了一会儿，她突然喊起来："看，有彩虹！"	描述性记录	户外活动时，她一会儿跑向轮胎，一会儿又跑向油桶，先站在那看了一会儿，随后只见他把油桶放倒，向前滚去，偶尔还会爬上去，用脚向前蹬。虽然**时间不长**，但他**好像**发现了乐趣。	描述性记录	午餐后，她来到建构区，用木块垒起了各种**漂亮**的小房子，有圆顶的、尖顶的、平顶的。还**兴致勃勃**地对其他小朋友讲话，他说："我长大了，要当建造师，我爸就是建造师。"
反思	**不经意**地玩材料，在孩子手里有时就会有奇迹。	反思	他没有像其他小朋友那样只一直地用手推，他还发现了可以站在上面用脚蹬。很有创造性，给予鼓励。	反思	幼儿有自主的理想，很难得，并在游戏时充满信心，能够展示自己。

表2　×××幼儿园观察记录表

班级	中5班	幼儿姓名	雯雯	观察日期	10.16
	时间：8:30（第一次观察）		时间：10:20（第二次观察）		时间：15:20（第三次观察）
描述性记录	他来到教室，没有表现得像平时那样开心，他坐在位子上好一会儿才到建构区，拿起积木玩了起来。**不一会儿**，只听她兴奋地说："咦，我拼成了一辆摩托车！"	描述性记录	吃水果时，他去洗干净手，然后**很期待**地说："老师，我可以帮你吗？"我说："可以呀！"于是我们一起完成工作，他很开心，并且在活动结束时，很主动地拿起垃圾桶收拾垃圾。	描述性记录	午餐后，她又**静静**地拿起抹布，帮老师擦桌子，并且说："老师上课累了。人与人之间要相互帮助。"说完很认真地干起来，其他小朋友在他的影响下，也积极地帮忙打扫卫生。

[①] 编者注：表1、表2、表3的内容均来自幼儿教师的真实观察记录，所有字意均未做改动。

续表

班级	中5班	幼儿姓名	雯雯	观察日期	10.16
反思	幼儿在选材料时，没有刻意去选，是随机的。但在玩的过程中，会有出乎想象的创造性活动。	反思	平时，雯雯是一个爱劳动的孩子，对于自己喜欢的事情就会很高兴地去做。	反思	学习了《白雪公主寻找杰斯特》的故事，幼儿学会了要互相帮助的道理，并能用自己的行动影响他人，实在是难能可贵。

表3　×××幼儿园观察记录表

班级	中5班	幼儿姓名	雯雯	观察日期	10.17
	时间：8:30（第一次观察）		时间：10:20（第二次观察）		时间：15:20（第三次观察）
描述性记录	他来到建构区，拿起木块垒了一会儿，然后放下，又跑到美工区，看看其他小朋友涂的图画，随后又到表演区，拿小鼓敲了一会儿，又拿起话筒唱了一会儿。	描述性记录	桌面游戏时，她很难在自己的位子上坐着，到处乱跑，会抢其他小朋友的玩具，小朋友不给她时，她会打人。	描述性记录	在户外活动时，她先跑向地上的轮胎，拿起轮胎滚了一会儿，又把轮胎放在地面上，一个一个垒起来，然后自己跳了进去，玩得**很开心**。
反思	这个幼儿的自制力比较差，**好动，懒惰，注意力不够集中**。	反思	情绪控制力差，和小朋友玩不到一起，经常动手打小朋友。老师要及时与家长沟通，共同解决。	反思	有创造性地玩游戏，但缺乏小朋友之间的协作。

从教师的观察记录中，我们可以发现：

第一，教师记录了幼儿在九次游戏中在哪里、做了什么等信息（幼儿三次在建构区，两次在户外，一次在美工区，一次在玩桌面游戏，还有两次帮教师打扫、收拾、整理），但观察记录缺乏进一步深入详细的描述。此外，教师每次的观察缺乏重点关注的内容。

第二，观察缺乏客观性、真实性、有效性，用了很多模棱两可、不精确的词语，不能如实反映幼儿的真实情况。

第三，对每个区域幼儿停留的时长、教师的观察时长这两个时间要素缺乏交代，所用时间词汇"一会儿"不够精确；看不到对幼儿的兴趣、能力等的交代。

第四，对中班幼儿的游戏特点以及年龄特点关注不够；对幼儿性别的表达混乱，"她""他"混用，这可能会造成忽略性别因素对幼儿游戏的影响等后果。

第五，将反思等同于分析与解读，仅在反思环节对幼儿的表现进行概括性描述或补充背景资料，缺乏对记录信息的分析与解读，看不到幼儿游戏存在的问题，也很少看到教师对今后如何支持幼儿的思考。

可见，这位教师的观察记录是为了记录而记录，很难让人从中发现什么有价值的问题，也不能帮助教师更好地了解、评判幼儿的发展水平，无法为幼儿后续发展提供适宜的支持策略。换作任何一个非专业人士，看到幼儿的这些行为，都能写出这样的观察记录。这或许就是教师**面对观察记录时难以分析与解读幼儿游戏行为的一个典型原因**吧！

事实上，观察儿童时，教师不仅需要掌握观察方法，还需要运用相关理论来解读儿童。教师承担着"观察者""分析者"与"教育者"的多重角色，需要即时分析信息，并判断是否需要或以何种方式介入指导，而这种即时分析与指导的能力必须在工作实践中不断习得。

如何回应与支持幼儿游戏？

教师观察、记录了幼儿的游戏行为，识别、判断了幼儿的发展需求，接下来需要进一步做出行动决策："我"要干预、指导吗？并非任何游戏情景都需要教师的干预或支持。当幼儿的游戏行为长时间简单、重复，当幼儿遇到困难，当幼儿之间出现冲突等情况时，教师可以基于幼儿现有的发展水平，以适宜的方式进行回应和支持，以给予幼儿鼓励，挑战幼儿的思维，促进幼儿与材料、同伴更好地互动。

对幼儿游戏进行回应与支持时，教师需要思考以什么方式、方法进入游戏中。有教师习惯性地认为："幼儿的表现往往是随机的，因而教师的支持也是随机的，为了保证游戏质量，需要预设游戏的指导策略。"基于这样的观念进行回应与支持，其作用和功效可能与幼儿真实的游戏需要背道而驰。教师应始终秉持基于幼儿兴趣、能力、经验的原则，回应与支持幼儿游戏，尊重幼儿的个体差异。

常用的回应与支持策略

通常，教师可以基于幼儿的游戏情况，选择性地使用以下策略来支持幼儿在游戏中发展：

- 以问题、评论或建议了解、拓展、挑战幼儿的思维。教师可以用陈述性语言描述、评论幼儿当前的行为，推动幼儿与材料进行互动，也可以用问题推动幼儿进行游戏，促进幼儿发展，如以开放性问题了解幼儿的游戏想法，以方向性问题拓展幼儿的游戏思路，以挑战性问题激发幼儿的创造性等。（具体内容参见《你会和孩子聊天吗？——儿童游戏中的倾听和回应》一书）

- 以材料推动游戏情节发展。游戏前，教师通常会提供各种类型的游戏材料，以支持幼儿想象力的发展。幼儿在游戏过程中可能会遇到材料不足、不了解材料的特性等问题，教师可以基于幼儿游戏的情况，或适时补充材料，或引导幼儿充分认识当前材料的特性，或挖掘其他替代材料的价值。

• 以信息丰富幼儿的生活经验。有时，幼儿已有的认识和生活经验不足以支撑其继续进行游戏，比如幼儿在建构城堡时，缺乏对城堡造型的认识。此时，教师可以利用图书、视频、图片等资源来丰富幼儿对城堡的具象认识，有条件的地方也可以鼓励家长与幼儿进行实地探访，帮助幼儿积累经验。

• 以讨论分享策略帮助幼儿澄清、梳理和巩固经验。通常，教师会在游戏分享环节与全体幼儿回顾游戏的情况。分享可以由幼儿主动发起，也可以由教师提出观察时发现的问题，讨论与分享活动是否由幼儿发起，要看幼儿是否有积极主动分享的意愿。分享的话题可以是幼儿在游戏中产生的冲突、遇到的困难，也可以是幼儿新的游戏想法或思路、有创意地解决问题的办法等。

需要注意的是，教师的回应与支持会对幼儿的游戏过程和发展方向产生影响，教师应避免以自己的经验来"导演"幼儿的游戏。

基于观察进行回应与支持的步骤

鉴于教师困惑于如何分析、解读观察记录，下面借助"娃娃家的鞋架"案例，以五个步骤具体呈现教师应如何基于观察对幼儿游戏进行回应与支持。

第一步：观察与记录——教师看到了什么？

小班幼儿小乖在进出娃娃家时，差点被门口的鞋子绊倒，因此她想到用纸盒搭建鞋架。她将两个纸盒立起来，间隔一段距离摆放，随后将另一个纸盒横架在两个直立的纸盒之上（架桥模式），搭成了一个鞋架。然后又重复两次架桥模式。三个鞋架都搭完后，小乖先将自己的鞋子整齐地摆放在第一个鞋架上，接着又将其他幼儿散乱的鞋子放在另外两个鞋架上，完成后笑嘻嘻地看着教师。

图 1　小乖运用纸盒搭"鞋架"　　图 2　小乖将鞋子放在"鞋架"上

第二步：分析与解读——幼儿的发展处于什么水平？幼儿在游戏中遇到或解决了什么其他问题？

在操作物品时，小乖能基于遇到的问题想到解决办法，并用架桥模式创造性地使用纸盒，赋予纸盒以鞋架的新意义，她对物品的操作水平处于意义创新阶段。在社会性发展方面，小乖独自运用纸盒搭建"鞋架"，中间没有其他幼儿加入，说明她处于豪威斯提出的单独游戏水平即零水平游戏阶段。

第三步：识别与判断——幼儿是否需要帮助？其经验是否需要拓展？

在该游戏场景中，小乖遇到问题能独立思考，能迁移生活中关于鞋架的经验主动解决发现的问题，她以一种新的方式进行学习，表现出很好的学习品质和学习倾向。小乖完成作品后，笑嘻嘻地看着教师，期望得到教师的认可。考虑到幼儿正处于小班下学期，教师可以将小乖运用材料搭建所需物品并将作品应用于角色游戏中的新经验共享给其他幼儿。同时，基于小乖新表现出来的对鞋架的兴趣，教师可以通过丰富材料帮助她积累更多关于鞋架的经验。

第四步：回应与支持——教师可以采取什么样的方式方法？

1. 经验分享。在游戏分享时，教师出示小乖搭建的"鞋架"的图片，邀请小乖分享她的搭建过程。一方面，让小乖感受到教师对她的关注、对她的游戏行为的认可，另一方面，以搭建新"鞋架"这一新的游戏行为丰富其他幼儿的游戏经验，推动游戏发展。

2. 观察图片，丰富经验。游戏结束后，教师提供了鞋架实物，并在墙壁上张贴鞋架的图片，引导幼儿在日常生活中观察、讨论鞋架的样子，丰富幼儿的经验。

第五步：回顾与反思——教师的行动是否适宜、有效？

在回应与支持后，教师还需对自己的回应与支持行为进行反思，包括"我创设的环境有问题吗？""提供的材料适宜吗？""我的行动是否有效？是否适宜？""游戏还可以怎样持续推进？""幼儿获得了哪些方面的学习与发展？"……通过这种反思，教师可以提高自己与幼儿互动的能力，提高自己创设环境、回应与支持幼儿游戏活动的能力。

接下来，我们再次运用前面回应与支持的五个步骤，对幼儿后续游戏行为进行分析，从中了解教师回应与支持行为的有效性。

第一步：观察与记录——教师看到了什么？

在娃娃家游戏时，小朋友将材料区的纸盒搬到了户外，小乖说："我今天还要搭鞋架！你们谁要搭啊？"旁边的涵涵跑过来："我也要搭！"随后两人将纸盒分别搬到垫子旁边，小乖先拿起两个纸盒竖着间隔一段距离摆放，接着拿起另一个纸盒横着摆放在竖着的两个纸盒之上。在此期间，涵涵先是在旁边给小乖递纸盒，随后加入到搭建行动中来，她模仿小乖的动作，也搭好了一个鞋架。随后两人在搭建好的鞋架两边或横或竖地摆放上其他纸盒，搭出了高低不等、排列样式有变化的鞋架。紧接着两人将小朋友们的鞋子放在搭建好的鞋架上。小乖指着鞋架对教师说："看！好多鞋子！"

图3 高低不等、排列样式有变化的"鞋架"

第二步：分析与解读——幼儿的发展处于什么水平？幼儿在游戏中遇到或解决了什么其他问题？

小乖在鞋架实物和图片的刺激下，尝试以新的、创造性的方式搭建了一组高低不等、排列样式有变化的"鞋架"。涵涵则在小乖的影响下对搭建"鞋架"产生了兴趣，由最初仅递纸盒的行为发展到模仿小乖的建构方式独自搭建了一个"鞋架"。两名幼儿搭建"鞋架"的经验在各自原水平上都有所提升，小乖处于意义创新阶段，涵涵则从操作摆弄阶段向熟练掌握阶段过渡。

同时，因教师曾请小乖在集体中分享搭建"鞋架"的新经验，这激发了其他幼儿对游戏的兴趣。后续游戏中，小乖出现了邀请其他幼儿共同游戏的行为，涵涵主动回应并加入游戏中，先后出现递纸盒、模仿小乖的行动进行搭建的游戏行为，两人表现出有意识的平行游戏和简单的社会性游戏水平[①]。

第三步：识别与判断——幼儿是否需要帮助？其经验是否需要拓展？

在这个游戏场景中，教师的回应与支持行为对幼儿的游戏产生了积极的作用，教师可继续在班级请幼儿分享搭建过程，以进一步丰富其他幼儿的搭建行为。

第四步：回应与支持——教师可以采取什么样的方式方法？

基于对本次游戏的观察和解读，教师可以继续用拍照、拍视频的方式在游戏分享或一日生活过渡环节分享幼儿的搭建过程，鼓励幼儿独自或与同伴一起运用纸盒搭建不同样式的"鞋架"，从而实现教师的回应、支持与幼儿的游戏行为之间的良性循环。

以上步骤阐释了教师教育行动的过程：教师关注幼儿在活动中的表现和反应，在观察判断、了解儿童发展水平的基础上，以适当的方式回应，形成合作探究式的师幼互动，教师通过了解儿童做了什么、思考什么，或者帮助儿童重构自己的想法，来促进儿童向更高水平发展。

---

① 参见本书"如何观察幼儿在游戏中与同伴互动的情况？"部分。

案例篇

本篇汇聚了近年来从幼儿园儿童游戏观察与指导实践中收集的典型案例。案例不仅还原了游戏现场,还对师幼行为进行了分析,部分案例还提供了"启示及延伸"板块内容,用来引导教师学习观察儿童游戏、理解幼儿,从而做出有效指导,推动幼儿经验的发展。

娃娃家的公主床

小班　角色区·户外

案例背景

游戏时间，扮演爸爸的洋洋和扮演妈妈的芊芊在娃娃家开心地玩游戏，芊芊发现家里没有床，于是和洋洋展开了讨论。

场景一：搭建公主床

芊芊："爸爸，家里没有床，你去搬。"

洋洋："让宝宝睡在垫子上。"

芊芊："天气冷了，垫子上凉，宝宝会感冒的。"

洋洋："那我来做一张床吧。"

洋洋从"百宝箱"（材料箱）里取出纸板放在垫子上，然后将宝宝放在纸板上。

芊芊："哎呀，这个床太丑了，宝宝要睡在公主床上，你重新做一张床。"

洋洋愣在原地看着芊芊，芊芊也不知所措。

老师："公主床是什么样的？" <small>以开放性问题了解幼儿关于公主床的已有经验。</small>

芊芊："公主床是彩色的，很好看！"

洋洋："公主床很大，很漂亮。"

老师："嗯。那可以用什么东西搭又大又漂亮的公主床呢？" <small>引导幼儿思考可选用的材料。</small>

洋洋："用大（塑料）积木！"

芊芊："对，可以用大（塑料）积木。"

图1　幼儿用纸板当"床"

图2　"宝宝"的第一张"床"

老师:"那你们一起试试看吧!" 鼓励幼儿自主尝试。

洋洋搬来白色大塑料积木,开始搭床,芊芊帮洋洋递积木,洋洋一块挨一块地拼搭,在芊芊的配合下,公主床很快搭好了。洋洋将宝宝放上去,发现床太短了,于是根据宝宝的身高继续拼搭,最后搭好了公主床。

 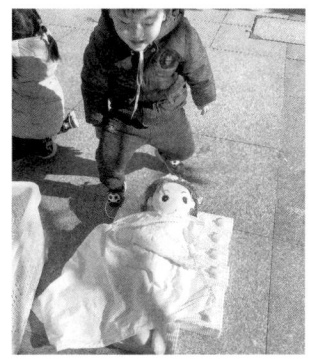

图3 幼儿增加"床"的长度　　图4 "公主床"完成了

公主床搭好后,洋洋和芊芊就去做饭。可是芊芊转身时碰到了床,床立刻四分五裂,宝宝也掉在了地上。看着散架的床,两人开始对话。

芊芊:"床烂了。"

洋洋:"积木直接放在地上,没有连在一起。"

洋洋想了想,然后动手把积木与积木扣在一起,重新拼搭公主床。

图5 "公主床"散架了　　图6 幼儿将积木扣接起来

分析

幼儿游戏发展情况及教师支持思路

在游戏中，幼儿操作物品时所处的发展阶段不是固定不变的。洋洋创造性地把纸板当作"宝宝"的"床"，赋予材料新的意义，此时他对物品的操作水平处于意义创新阶段。但当芊芊提出"搭建公主床"时，新的游戏问题产生了——两名幼儿对如何搭建"公主床"没有头绪。他们虽然能够围绕游戏目的进行思考，但是想要实现目的却需要得到教师的支持。

在教师的引导下，幼儿选择大塑料积木进行搭建，赋予积木搭建作品以"公主床"这一新意义，此时幼儿看似处于意义创新阶段，但随后被碰撞散架的"公主床"表明幼儿对搭建材料稳固性的认识实际上是不足的，他们其实处于有目的地反复操作积木进行搭建的熟练掌握阶段。经过思考后，洋洋将塑料积木扣在一起，解决了原先的作品稳固性不够的问题，实现了从熟练掌握阶段向意义创新阶段的过渡。

教师的支持

察觉到幼儿有搭"公主床"的需要，教师以"公主床是什么样的？"这个开放性问题了解幼儿关于公主床的已有经验，再以"那可以用什么东西搭又大又漂亮的公主床呢？"这个问题引导幼儿根据已有经验主动思考、选择材料，并在聊天中肯定幼儿的想法，鼓励他们大胆尝试，从而营造轻松、积极的游戏氛围，推动幼儿发展。

启示及延伸

针对此游戏场景中的问题，教师后面可以在娃娃家提供一些漂亮的公主床的照片，以丰富幼儿的经验；还可以考虑增添纸盒、纸板等材料，进一步激发幼儿搭建"公主床"的想象力与创造力。

场景二：搭建护栏

洋洋再次将宝宝放上公主床，芊芊又提出了问题。

芊芊："没有挡的，宝宝会掉下来，要有个挡的东西。"

洋洋："那要怎么搭？"

芊芊："我也不知道。"

两人没有头绪，于是向教师求助。

老师："你们可以去看看教室里小朋友睡的小床是什么样的。"

> 引导幼儿观察实物，以获取经验。

两人来到班里观察小床。

芊芊："床边上围起来了。"

洋洋："对，这样就可以把小朋友挡住。"

老师："你们观察得真仔细，这个叫护栏，可以防止小朋友从床上滚下来。"

> 拓展幼儿关于护栏的经验。

洋洋："我也要给我的公主床搭护栏。"

于是芊芊和洋洋开始重新搭建公主床。

洋洋将两块积木拼插在一起，芊芊看到后，也拿了两块积木拼插在一起，两人再将拼插的积木组合在一起，很快，床身拼好了。然后芊芊给洋洋递积木，洋洋沿着床身一块接一块地摆放积木，搭建护栏，很快，带护栏的公主床就完成啦！

芊芊："这样宝宝就不会掉下来了！"

图7 把"宝宝"放到"床"上比一比

洋洋想将宝宝放在床上，发现宝宝的腿放不下。于是，他比对着宝宝的身高，增加了床的长度。

带护栏的公主床搭好后，芊芊和洋洋继续游戏。突然，芊芊转身时碰到了公主床，护栏掉了下来！两人先是看着掉落的护栏不说话，随后一同看向教师。

老师："怎样做才能让护栏紧紧地挨在一起，不容易分开呢？"

> 接收到幼儿求助的眼神，用挑战性问题回应，以了解幼儿在连接物体方面的经验。

两人摇摇头。

老师:"平时玩具宝宝从板子上掉下来后,老师会怎么做?"

> 基于幼儿的回应降低问题的难度,调动幼儿的生活经验。

芊芊:"用胶贴起来。"

洋洋:"用胶贴。"

老师:"那我们一起用胶试一试吧!"

于是,芊芊和洋洋去美工区拿来了双面胶。洋洋从床头开始贴,他用双面胶将作为护栏的积木一块接一块地贴在一起,芊芊则紧紧地按住贴好双面胶的积木。两人从床头慢慢贴到床尾,最后又回到床头,将作为护栏的每一块积木都贴好后,牢固的公主床完工了。

在游戏分享环节,教师先请芊芊和洋洋分享用积木搭建小床的过程,然后请其他幼儿分享他们见过的别的样式的小床,最后教师还展示了一些生活中常见的床的图片,如高低床、吊床、双人床等,丰富幼儿对各种造型与功能的床的认识。

游戏分享结束后,教师在环境中提供了纸板、纸箱、奶粉罐、布、地垫等丰富的开放性材料,支持幼儿自主搭建。

图8 幼儿增加"床"的长度

图9 幼儿用双面胶连接"护栏"

图10 更为牢固的"公主床"完成了

分析

幼儿游戏发展情况及教师支持思路

在这个游戏场景中,幼儿的游戏情节在发展,他们搭完"公主床"后,产生了"要有个挡的东西"的需求,但是他们不知道该如何搭建。幼儿这个新需求的出现,使得他们原本处于意义创新阶段的"搭公主床"的游戏行为，随着对材料的探索性操作退回到操作摆弄阶段。此时，教师需要丰富幼儿的认识，促使他们获得关于"护栏"的新经验，推动幼儿的游戏水平向前发展。

在教师的支持下，幼儿看似能够用积木搭建"带护栏的公主床"，能赋予材料新的意义，但是游戏的发展情况表明，建好的"护栏"极易倒塌，幼儿对如何保持"护栏"的稳固性仍然认识不足，因此他们处于从操作摆弄阶段向熟练掌握阶段过渡的时期。教师需要帮助幼儿解决如何保持"护栏"的稳定性的问题，推动幼儿进入与物品互动的熟练掌握阶段。

教师的支持

面对幼儿不知如何搭建"护栏"的问题，教师引导幼儿观察实物小床，帮助幼儿了解床的基本结构，拓展幼儿关于床的经验，为他们下一步的搭建奠定基础。随后，幼儿按照之前的方式快速搭好了"床身"，并以首尾相接的方式搭好了"护栏"。

面对"护栏"容易掉落的问题，教师先以"怎样做才能让护栏紧紧地挨在一起，不容易分开呢？"这个挑战性问题了解幼儿在连接物体方面的经验，当察觉到这个问题的难度超出了幼儿当前的发展水平时，教师降低问题的难度，转而提出"平时玩具宝宝从板子上掉下来后，老师会怎么做？"这个问题，启发幼儿回忆、迁移生活经验，从而想出解决办法。

最终，幼儿在教师的支持下成功搭建了带有牢固"护栏"的"公主床"，对物品的操作水平重新回到意义创新阶段。

教师抓住教育时机，在游戏分享环节组织幼儿进行交流，请幼儿分享搭建过程，巩固了幼儿关于搭建"床"的经验，将个体经验扩展为集体经验。同时，在环境中展示更多种类的床的照片，提供更多搭建"床"的材料，这些都有利于丰富幼儿对床的认识，达成帮助幼儿扩展和积累新经验的目的。

有趣的插接

小班　建构区

案例背景

建构区新增了数量可观、颜色各异的雪花片，这些新奇的材料引起了幼儿的兴趣，他们纷纷探索起来。

场景一：雪花片为什么总会掉？

然然拿了一些雪花片，试着将它们插接起来。他拿起一片雪花片，将其作为中心，把其他雪花片插在它的外围，有的插在它的凹槽里，有的插在它的"花瓣"上，但轻轻一摸，插在"花瓣"上的雪花片就掉了。

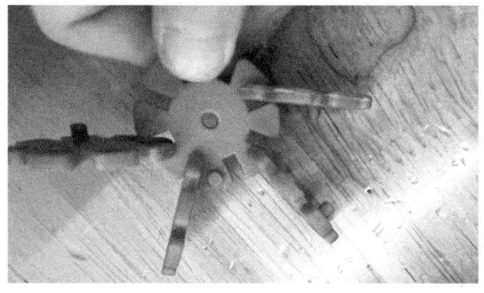

图1　然然将雪花片插在"花瓣"上和凹槽里

昂昂将一些雪花片插在中间雪花片的"花瓣"上，不一会儿就插出了一个小圆，他刚刚将插好的小圆举起来，插在"花瓣"上的雪花片就全部掉了下来。

游戏分享环节，然然、昂昂说出自己遇到的难题。

然然、昂昂："我插的雪花片总是掉。"

老师："为什么会掉呢？"

然然、昂昂："不知道。"

图2　昂昂将雪花片插在"花瓣"上

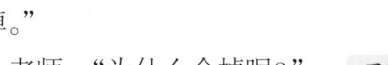
了解幼儿对"雪花片插接不牢"这个问题的认识。

老师看向其他幼儿："你们觉得雪花片为什么会掉呢？"

> 将同样的问题"抛"给其他幼儿，了解他们对雪花片特点的认识。

蓝莓："插得太松了。"

老师："那你是怎么把雪花片插紧的呢？给我们看看你是怎么做的。"

> 鼓励幼儿示范、分享插接雪花片的方法。

蓝莓拿起两片雪花片，在投影仪下演示起来。她将一片雪花片的"花瓣"对准另一片的凹槽，然后用力一挤压，两片雪花片插起来啦！

老师："你用了什么好方法呀？"

> 以追问引导幼儿描述插接雪花片的方法。

蓝莓："这里有弯弯的地方（用手指雪花片凹槽处），这里有个高一点的地方（用手指雪花片的"花瓣"），这两个对对齐一插，就好了。"

教师请大家拿起雪花片仔细观察，并尝试插接，最终教师和幼儿一起总结出：雪花片四周凸出来的地方，叫作雪花片的"花瓣"；凹进去的地方，叫作雪花片的凹槽；将凹槽和"花瓣"对齐，然后用力一挤压，就能把雪花片插紧了。

图3　蓝莓演示插接雪花片的正确方法

分析

幼儿游戏发展情况及教师支持思路

然然、昂昂能尝试运用不同的方法将雪花片相互插接起来，但由于他们还未完全了解雪花片的特性和插接技巧，因此插接好的雪花片总是会掉落，他们还处于操作摆弄阶段。由于幼儿刚开始接触雪花片，他们遇到问题是必然的，教师需要思考如何促进幼儿与雪花片的互动，以帮助幼儿增强对雪花片的认识。

教师的支持

考虑到幼儿刚接触雪花片,在上述游戏场景中教师没有随意打断幼儿,而是给予他们充分的时间及自由、自主探究的机会,满足他们操作与练习的需求。然然、昂昂在分享环节主动提出遇到的问题,这为教师提供了支持幼儿的信号。教师抓住这一契机,先以"为什么会掉呢?"这个开放性问题引导幼儿关注和思考雪花片掉落的原因,了解幼儿对雪花片特点的认识,并将同样的问题"抛"给其他幼儿,了解他们的经验。基于有幼儿提出"插得太松了"这个原因,教师引导幼儿发挥榜样示范作用,鼓励其演示插紧雪花片的方法。幼儿在同伴的示范下认识了雪花片的特点,并通过练习掌握了插接雪花片的技巧,他们对雪花片的操作水平处于由操作摆弄阶段向熟练掌握阶段过渡的时期。

场景二:雪花片能插接成什么?

程程拿起两片雪花片,将这一片的凹槽和那一片的"花瓣"紧紧挨在一起,然后用力挤压,两片雪花片就插接成功了,最后他将一片一片的雪花片插接成一条直线。程程跑到教师跟前:"老师,这是小棍子!"然然也拿了一些黄色雪花片,他不断用力将其他雪花片的"花瓣"对准、按入中间那片雪花片的凹槽,不一会儿,就完成了一件作品。

老师:"然然,你插的是什么呀?" 〔通过提问引导幼儿描述自己的作品。〕

然然:"小圆!"

老师:"黄黄的、圆圆的像什么呢?" 〔聚焦物品特征,引导幼儿想象。〕

然然:"太阳公公!这是太阳公公!"

图4 雪花片作品"棍子"　　图5 雪花片作品"太阳"

璇璇将红色雪花片插接成一条直线,又将黄色雪花片斜着插接起来。她说:"我连成一根吸管啦!咕噜咕噜喝水!"说着,她用嘴巴假装吸了口水。可乐用三种颜色的雪花片插接出两条短直线,他开心地跑到娃娃家,对娃娃家里的小伙伴说:"看,这是我做的筷子!"

图6 雪花片作品"吸管"　　图7 雪花片作品"筷子"

萌萌用黄色雪花片插接出一个小圆,小宇用绿色雪花片斜着插接出一条直线,他们将作品拼在一起后,惊喜地发现:"哈哈,这是橘子,我要拿到奶吧做橘子酸奶!"琳琳也插接出一个小圆,她笑嘻嘻地说:"看,这是苹果!"

图8 雪花片作品"橘子酸奶"　　图9 雪花片作品"苹果"

幼儿拿着自己的雪花片作品,互相交流和介绍。在游戏分享环节,教师借助图片,以"你插的是什么?""你是怎么用雪花片插的?"这些问题引导幼儿在集体范围内分享各自的作品和制作方法,丰富全体幼儿的游戏经验。游戏结束后，教师在环境中创设展示区，鼓励幼儿展示自己日常插接的雪花片作品，增强幼儿的成就感和自信心。

分析

幼儿游戏发展情况及教师支持思路

在这个游戏场景中，幼儿熟练地用雪花片插接出不同的作品，处于熟练掌握阶段。但他们只能简单地依据插接出的作品的形状来描述它们像什么，因此，教师一方面可以鼓励幼儿对自己的作品展开更丰富的想象，另一方面，教师应该把支持重点放在引导幼儿进一步熟悉材料并关注插接目的上。

教师的支持

教师通过"然然，你插的是什么呀？"这个提问，询问幼儿对自己作品的理解，接着，教师通过"黄黄的、圆圆的像什么呢？"这个问题引导幼儿关注作品的特征，如颜色、形状等，并据此进行想象。在教师的引导下，幼儿的创造性被激发出来，各种各样的创意插接方法出现了。教师的支持使幼儿开始赋予作品意义，并将作品与其他游戏结合，生成新的游戏情节，幼儿逐渐趋向于意义创新阶段。

基于幼儿的兴趣，教师在分享环节以图片为载体，引导幼儿讲述自己的插接想法和制作方法，将个体经验传递给更多幼儿。同时创设展示区，鼓励幼儿继续插接雪花片，形成作品，增强幼儿的成就感。

我们的春天花店

中班　角色区

案例背景

春天到了，幼儿发现幼儿园小路上的三叶草、花坛里的杜鹃花、种植区的青菜都开花了。看着这些美丽的花，他们对春天的花卉产生了浓厚的兴趣。他们在区域里阅读了《我家附近的野花》《缤纷的春天》等图画书，观察、绘画幼儿园里的花卉；周末他们和爸爸妈妈踏青赏花，了解和感受春天各种花朵的多姿多彩。在积累了关于花卉色彩与造型的经验后，他们萌生了开花店的想法。

花店到底是什么样的呢？结合"寻找春天"主题活动，幼儿走进真实的花店，去看一看花店里卖哪些花、有哪些人、店员会做哪些事情。教师与幼儿一起用思维导图呈现幼儿的参访结果，梳理了相关经验。他们对"花店"游戏更加期待！

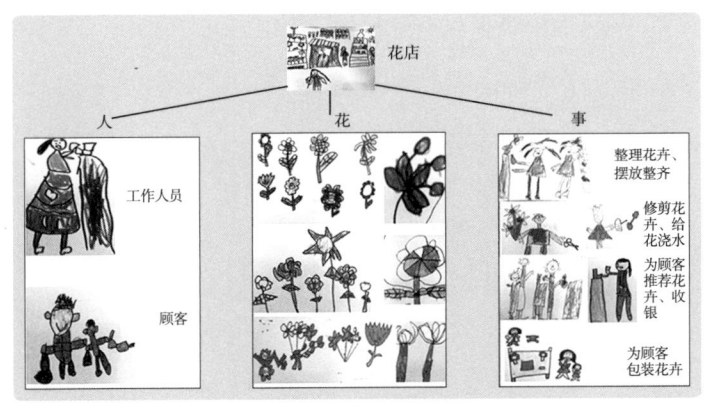

图1　关于花店中的人、物、事的思维导图

游戏初期，幼儿迁移之前玩"超市"游戏的经验，想先给花店取个名字，他们你一言我一语地表达自己的想法："可以叫蒲公英花店，幼儿园花坛里的蒲公英好漂亮，我想在花店里卖蒲公英。""花店里的花五颜六色的，像彩虹一样，可以叫彩虹花店。""还可以叫种子花店哦，花是种子种出来的。""还可以叫春天花店，因为现在就是春天啊。"……不一会儿，大家就起了15个店名。在教师的组织下，全体幼儿对每个名字进行了投票，经过计数，最终确定了"春天花店"这个店名。

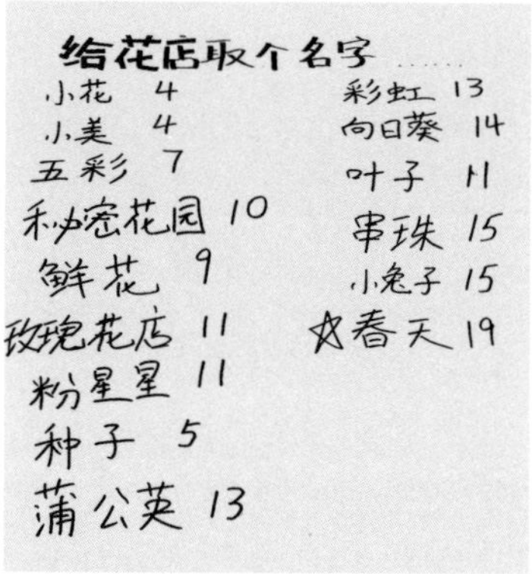

```
给花店取个名字
小花    4      彩虹    13
小美    4      向日葵  14
五彩    7      叶子    11
秘密花园 10    串珠    15
鲜花    9      小兔子  15
玫瑰花店 11    春天    19
粉星星  11
种子    5
蒲公英  13
```

图2　关于店名的投票结果

场景一：花店开在哪儿呢？

老师："小朋友们，我们的花店开在哪里合适呢？"

> 引导幼儿自由发表对花店位置的想法。

轩轩："这个墙（主题墙）上就有春天的草地，上面还有很多花，我们想把春天花店开在（主题墙）下面！"

美美："我们去的花店里都是很亮的，我们班窗户边就非常亮，那里地方也大，花店就放在那里吧。"

乐乐："可以在外面走廊，因为柜子上就可以放花呀！"

……

大家的想法很多，经过全班幼儿的投票表决，主题墙下和窗户边这两个位置的票数最高且相同。那么，这两处到底哪处更合适呢？幼儿尝试绘制布局图，并从众多布局图中挑选出一幅，按照它的样子规划花店。几名男孩自告奋勇地摆放桌子和柜子，并合力把需要的柜子推到了主题墙下。但很快他们发现柜子太多了，把教室门都挡住了，大家进出教室时会撞到柜子。大家立刻意识到把花店开在主题墙下面是不合适的。

教师此时并没有提出换位置的建议，而是耐心地观察着他们，只见幼儿又把柜子、桌子等物品移到了窗户边，他们还将

图 3 花店的布局设计图

柜子围成一个圈，将桌子放在中间，这次柜子都能放下并且不会挡路。"大功告成！"他们欢呼着。

此时，教师拿着幼儿设计的布局图，问道："你们画的图上有多层的展示架，可是，现在这些柜子只有上面一层能放花，够放（很多花）吗？"

> 以建议式语言暗示幼儿关注设计图的作用，发现当前布局存在的问题。

幼儿带着问题在教室内外寻找起来。

乐乐："那里（图书角）有很多三层的柜子！"

大家的目光投向图书角里的三层柜子，花店的多层展示柜有了。

分析

幼儿游戏发展情况及教师支持思路

幼儿自主表达对花店位置的看法时，能迁移前期规划娃娃家、小舞台游戏场地的经验，熟练、灵活地绘制花店的布局图，并利用教室里的桌子、柜子等材料进行摆放和布置。在这个过程中，幼儿有了两个选址意向，这对于中班幼儿来说很正常，教师需要关注幼儿的经验冲突，思考如何引导幼儿选出最适合的位置。

教师的支持

教师没有直接指定花店的位置，而是鼓励幼儿绘制布局图，让他们亲自

布置，实际体验游戏场地安排的适宜性。在实际操作、对比后，幼儿发现花店开在窗户边不会妨碍通行，更适宜。布局初步完成后，幼儿并没有发现现场摆放的柜子和设计图中的展示架层数不一样，教师抓住这个细节，用建议式语言引导幼儿发现布局图与实际摆放物品之间的差异，启发幼儿进一步优化和调整物品。幼儿从中也清楚地感知到设计图在实际规划空间和布局时发挥的重要作用。

场景二：花店里还有什么？

在花店位置最终确定下来后，幼儿陆续从家中带了几瓶假花放在店里。

轩轩："我们的花店里只有几瓶花，太少了！我们可以做一点。"

老师："那做什么花呢？" _{激发幼儿探讨花的种类的兴趣。}

轩轩："可以做三叶草的花、杜鹃花……"

乐乐："我喜欢向日葵，我要做向日葵！"

老师："那用什么来做呢？" _{以开放性问题引导幼儿思考制作花束的材料。}

小羽："可以用纸黏土做花。"

乐乐："纸杯！我们会用纸杯做花，母亲节的时候我们做过的！"

老师："大家的想法都不错，你们可以选自己喜欢的花来做。那么，除了花，花店还应该有什么呢？" _{引导幼儿思考花店的其他细节和元素。}

美美："我们的花店缺个店的名字（门头），外面的花店都有名字的。"

心心："还有插花的瓶子！"

大家一致同意做花和门头，教师带领做花的幼儿来到幼儿园资源库寻找材料。大家陆续发现了纸杯、树枝、纸板、双面胶、木棍、黏土等材料。回到教室后，他们用找到的材料开始制作，做了很多纸杯花、黏土花，然后将做好的花插到花篮里。栎栎和乐乐也在一旁制

图 4　幼儿制作的黏土花、纸杯花

作花店的门头。

栎栎:"我们把树枝绑在架子上来支撑门头,我扶着,你来绑!"

栎栎扶着树枝,乐乐从柜子里找来了松紧绳,绕着架子和树枝捆了几圈,然后系紧,但是栎栎一松手,树枝就倒了。她们又试了几次,还是不行。

老师:"我看到你们用力地绑树枝了,为什么还是绑不紧?" _{以开放性问题了解幼儿对松紧绳特性的认识。}

栎栎:"因为松紧绳可以拉得很长,总是系不紧。"

老师:"你说得很对。那你们想想,应该用什么样的绳子呢?" _{引导幼儿思考用什么绳子合适。}

这时乐乐从摆放材料的抽屉里拿来了一截缎带。她请栎栎帮忙扶着树枝,自己用缎带围着树枝和架子绕了好几圈,然后把两端拉紧后打结。这一次,栎栎松开手后,树枝没倒下来。

老师:"为什么换了缎带就能系牢?"

栎栎:"松紧绳有弹性,可以拉得很长,所以总是系不紧,这个带子就没有(弹性),所以能系紧。"

引导幼儿在对比中认识材料的特点,巩固幼儿对"材料是否有弹性会影响捆扎的效果"这一经验的感知。

随后她们用绘画和泥贴的方式装饰了门头。

图5 幼儿装饰好的门头

分析

幼儿游戏发展情况及教师支持思路

游戏初期,幼儿因花店里的花比较少,产生了制作花的需求。一个想法从产生到实施,中间会遇到多方面的问题,因此,面对幼儿制作花的想法,教师需要引导幼儿进一步澄清思路。从后续幼儿寻找材料、制作花束的过程可以看出，他们对使用多种材料制作花朵的活动非常熟悉，对材料的操作水平处于熟练掌握阶段，教师只要给予幼儿充足的时间即可。

幼儿在教师的提醒下又产生了做花店门头的需求。她们能迅速地选取树枝这一材料，并反复尝试用松紧绳进行捆扎、打结固定，她们对材料的操作水平看似处于熟练掌握阶段，但树枝无法被绑紧，总是脱落，出现这个问题的原因是什么呢？教师需要了解幼儿对问题原因的认识，从中了解幼儿对松紧绳特性的认识，并推动幼儿向熟练掌握阶段发展。

教师的支持

教师肯定了幼儿想要做花的想法，以"那做什么花呢？""那用什么来做呢？"两个开放性问题帮助幼儿进一步澄清想法，思考想要制作的花的种类和可用的材料，同时给予幼儿自由，鼓励幼儿自主选择想用的材料。

结合幼儿做花的需求，教师进一步以"除了花，花店还应该有什么呢？"这个问题，引导幼儿思考与花店相关的其他细节和元素。随后以"我看到你们用力地绑树枝了，为什么还是绑不紧？"这个提问了解幼儿对问题原因的认识，从中了解到幼儿对松紧绳的弹性有一定的认识，进而继续以问题"那你们想想，应该用什么样的绳子呢？"启发幼儿思考可用的材料。在幼儿运用新材料成功捆扎树枝后，又以问题"为什么换了缎带就能系牢？"引导幼儿梳理对两种材料的特性的认识，获得"材料是否有弹性会影响捆扎的效果"这一经验。

场景三：这里没有我喜欢的花！

游戏时间到了，乐乐和小雨两人忙碌地用纸杯、剪刀、蜡笔等材料制作纸杯花。

可可想买桃花，但是店里没有，可可提议店员做一些桃花，店员说不会，于是可可转为花店的工作人员，开始自己做花。

第二次游戏时间，可可和乐乐选择了"花店"游戏，乐乐继续制作上次还没有做好的纸杯花。可可先在该区域的材料柜里翻了一会儿，然后走向班级的"杂货铺"（收纳材料的地方），仔细翻找，最终找到了珠子、纽扣等新材料。

可可将材料拿回花店，乐乐一下子被各种颜色的珠子吸引了，她在盒子里找到一颗粉色的珠子，把它拿在手里观赏，接着又找到了许多蓝色、绿色的珠子。可可从抽屉里拿出一根毛根，又从盒子里挑选出粉色和珍珠色的珠子，然后开始用毛根穿珠子。她先穿了一颗粉色的珠子，然后穿了一颗珍珠色的珠子，再穿一颗粉色的、一颗珍珠色的……她一共穿了5颗珠子。接着，她将毛根的两端绕在一起，一朵桃花完成啦！

乐乐："这个花好漂亮啊！"

可可："我还要再做一朵！"

说着，可可拿起了一根毛根继续制作。乐乐放下了手中的纸杯花，也拿了一根毛根，学着可可的样子开始制作，将珠子一颗粉色、一颗珍珠色、一颗粉色……地间隔穿起来。

游戏分享环节，教师请可可分享自己的制作经验，丰富其他幼儿对花的种类、可选择的材料和制作方法的认识。游戏结束后，教师还在环境中提供了花卉的图片、鲜花实物和手工花制作步骤图，同时增加了珠子、纽扣、毛根等材料，支持幼儿继续制作花朵：有的幼儿通过观察操作图、花的图片、鲜花实物，运用新材料制作出不同造型的珠花，还运用其他材料制作花卉作品；有的幼儿在尝试已有材料的同时，通过观察同伴的操作发现新材料的使用方法，促进自己的发展。

分析

幼儿游戏发展情况及教师支持思路

在玩了一段时间"花店"游戏后，可可对手工花的种类和制作材料产生了新需求。由于手工作品品种和材料的变化，可可和乐乐与物品的互动表现出不同的水平：可可基于做桃花的目的，自主选择珠子、毛根等新材料，并迁移数学模式的经验，熟练地、一遍遍地用珠子表现桃花，她对物品的操作水平处于熟练掌握阶段；乐乐被可可找到的新材料吸引，她刚开始摆弄、探索珠子，并不用它们来制作花朵，她处于操作摆弄阶段；在看到可可制作的珠花后，乐乐模仿同伴的行为，也尝试用相同的方式来制作，同伴的影响使她从操作摆弄物品的阶段向熟练掌握阶段过渡。在这个游戏场景中，两名幼儿或自主，或在同伴的影响下，学习、表现新事物，教师不需要介入，而且，做珠花的游戏创意打破了幼儿原来用纸杯、纸黏土做花的思维定式，推动了游戏情节向前发展。教师仅需将幼儿这一新的创意共享给其他幼儿，丰富其他幼儿的经验，进而拓展幼儿表现花束的方式。对可可想使用新材料进行造型的需求，以及乐乐对物品的操作水平正处于向熟练掌握阶段过渡的情况，教师需要给予不同的支持和关注。

教师的支持

教师主要通过两个策略来支持幼儿发展：第一，在游戏分享环节，请幼儿共享新花的造型、所选的材料和制作方法等；第二，根据可可、乐乐不同的游戏表现，提供图片、不同难度层次的材料等，支持幼儿的创造性表现。

场景四：我要的花找不到了

这天，小羽来到花店买花。

小羽："你好，我想买一朵杜鹃花。"

凡凡："有的，你稍等一下啊！"

随后，凡凡在架子上翻找起来。这里没有，那里也没有，凡凡越来越着急。

小羽："找到了吗？"

凡凡："你等一下哦！我记得有的。"

大概两分钟后，凡凡终于找到了杜鹃花，把它拿给了小羽。

在游戏分享时间，小羽讲述今天遇到的不开心的事情。

小羽："我今天去花店买一朵杜鹃花，我等了好久凡凡才拿给我！"

凡凡："花店里的花太多了，有好多花都在花篮里，我找了好久才找到！"
老师："那怎么才能快速地找到想要的花？" 引导幼儿将花朵进行分类。
美美："把它们都收好。"
老师："那要怎么收才能让人一眼就看见呢？" 激励幼儿迁移整理物品的方法。
乐乐："可以把黄的放在一起，把红的放在一起。"
栎栎："我们可以把纸杯花放一起，然后把黏土花放一起。"

幼儿纷纷表达自己的想法，有的说按颜色分，有的说按做花的材料分，有的说可以按花的种类分。那到底按照哪种方法来分呢？幼儿用猜拳的方法，最终决定根据做花的材料对花朵进行分类。此外，他们还想到可以轮流使用不同的分类方法，这样大家每天可以按照自己喜欢的分类方式对花朵进行分类摆放。

图 6　幼儿根据做花的材料（从左到右依次是纸杯、毛根、纽扣）对花朵进行分类

老师："你们怎么让顾客看出来是怎么分的呢？" 提醒幼儿思考如何表示花朵的类别。
幼儿："可以画标记啊！"
老师："画什么样的标记呢？" 以追问继续推动幼儿思考如何表示花朵的类别。
皮皮画了一朵花，说："这是太阳花。"
司司涂了一块红色，说："这是按照颜色分。"
心心画了一些交叉的纸条，说："这是用纸杯做的花。"
说完，幼儿继续绘画标记。

图7 幼儿绘画的分类标记（从左到右依次为：材料标记、种类标记、颜色标记）

幼儿按照花的种类重新布置了花店，并把分类标记放在各类花的旁边。

分析

幼儿游戏发展情况及教师支持思路

基于幼儿买花等待时间较长这一不愉快的游戏体验，"顾客"和"工作人员"的对话表明幼儿已经意识到花店中"花"的种类多、数量多、随意堆放等诸多问题。教师可以以此为契机，将"健康"领域提到的关于整理、收纳的生活习惯与"数学"领域的分类经验融入游戏中，更好地推动幼儿迁移、巩固相关经验，拓展游戏内容。

教师的支持

教师以"那怎么才能快速地找到想要的花？"这个方向性问题，推动幼儿思考整理、收纳物品的关键点，再继续以"那要怎么收才能让人一眼就看见呢？""你们怎么让顾客看出来是怎么分的呢？"这两个问题，逐步引导幼儿关注整理的方法以及方便"顾客"识别的需要。教师的提问，推动幼儿迁移给物品分类的数学经验和绘制分类标记的前书写经验。

启示及延伸

虽然幼儿按照花的种类、制作材料、颜色等将花朵进行了分类，但每种类别的花朵里还是混杂着同时拥有几种属性的花，比如按制作材料分类时，被归入纸杯花一类的花中既有太阳花、桃花等不同种类的花，也有黄色花、粉色花等不同颜色的花，还有单层纸杯花、双层纸杯花等不同层数的花……教师可视幼儿的游戏情况和需要，引导幼儿继续挑战在已有类别的基础上进行层级分类，比如将纸杯花进一步按照颜色分类，或者按照层数分为单层纸杯花、双层纸杯花等。

泥巴美食

中班　角色区·户外

案例背景

在户外小厨房中，几名幼儿用青砖搭出简易的"灶台"并将一口大锅放在上面，随后把沙子、小树枝、小石头当作"食材"，开始在锅中"炒菜"，他们化身"厨师"，在这极为简陋的环境中，自然生发了"烧饭"游戏。

场景一：泥巴汤

今天户外小厨房中新增了"泥"这一材料，它被装在各种容器里。幼儿看到后纷纷进行了探索。

铭铭用手捏了捏桶里的泥，随后将泥全部倒进锅里，并做出了如下动作：将一把铲子竖起做类似切割的动作；把手插进泥里再拿出来，让手上的泥巴从指间缝隙里漏下来；用手抓起一把泥，让泥从上往下掉落进锅里，嘴里还说着"下雨啦，下雨啦"；用铲子在泥的表面拍拍打打。

图 1　幼儿探索泥

旁边的理理也模仿铭铭做拍泥的动作，并用一根树枝拨弄锅里的泥。他把铭铭刚压平的泥又拨开了。

老师："你们在做什么好吃的呢？"

> 激发幼儿关于做饭的生活经验，拓展幼儿的游戏情节，推动幼儿从操作摆弄阶段向前发展。

铭铭往大锅里加了一桶水，又将另一个桶里的泥全部倒进锅里，然后他拿起两把长柄勺子，用力绕圈搅拌锅中的水和泥。他边搅拌边说："烧汤啦！这是好吃的汤。"铭铭搅拌的力度太大，不时有浑浊的汤水溅到外面。

菁菁听到后，便走过来玩，但她看到四处乱溅的汤水，又往后面退了退。铭铭还在搅拌着，并没有停下手中的动作。

老师："来客人了，可是客人为什么站那么远呀？"

> 引入他者视角，鼓励其他幼儿表达对"厨师"搅拌"汤水"的看法，从而引发当事人反思"搅拌力度太大"这个问题。

菁菁："汤都洒出来了。"

铭铭听到后，放慢动作。他拿来一只碗，舀了两勺汤，端给菁菁。随后又拿起勺子搅拌水和泥，但动作比刚才轻柔了一些，溅出来的汤水也少了很多。

分析

幼儿游戏发展情况及教师支持思路

幼儿用捏、切、抓、拍、拨弄等方法探索新材料"泥"，在简单的操作中了解它的特性。此时，幼儿有了简单的操作动作，但还没有将泥与小厨房"烧饭"的游戏情节联系起来，幼儿处于操作摆弄物品的阶段。该如何推动幼儿将泥与"烧饭"游戏联系起来，关注泥的用途呢？教师的任务就是推动幼儿从简单的摆弄材料这一行为逐渐向有目的地探索并熟练掌握材料阶段发展。

教师通过提问巧妙引导，幼儿意识到了泥的用途。幼儿利用勺子一次又一次重复、持续地搅拌泥和水，并伴随假想，将搅拌泥和水的过程想象为"烧汤"，对泥的操作水平开始进入熟练掌握阶段。此时幼儿还处于熟练掌握阶段的初期，还在反复探索材料的特性，因专注、投入而使搅拌力度过大，致使"汤水"四溅，教师需帮助幼儿反思动作的适宜性，以推动其正式进入熟练掌握阶段。

教师的支持

教师通过"你们在做什么好吃的呢？"这个问题调动幼儿的生活经验，推动幼儿将泥运用到"烧饭"游戏中。同时，结合中班幼儿游戏的特点（中班幼儿有与人交往的意向,但是往往缺乏交往的技能),在发现"汤水"四溅的问题后,通过巧妙的"旁敲侧击"与幼儿聊天,引导幼儿关注他人的体验感,反思自己搅拌"汤水"的速度和力度是否恰当并做出调整。该游戏场景的最后,幼儿的搅拌动作变轻柔了,幼儿增强了对自己动作幅度、力度等的控制,对材料的操作水平正式进入熟练掌握阶段。

场景二:我们不想喝这个汤了

今天,妮妮到小厨房做客,小厨师铭铭为客人做了一大碗汤。

妮妮:"我上次来就是喝的这个汤。"

铭铭摊开小手,皱着眉头:"可是我们家里只有这些,你看,泥、石头,没有别的了。"

妮妮:"我们不想喝这个汤了。"

老师:"那你们想吃什么样的菜呢?"

> 倾听幼儿关于"菜品"的想法,借此了解幼儿的经验和兴趣。

乐乐:"想吃可乐鸡翅!"

美美:"可以做汉堡!里面有鸡肉和菜,还可以加沙拉酱!"

老师:"那除了泥和水,你们觉得还可以用什么材料来做这些好吃的呢?"

> 鼓励幼儿发散思维,思考更多的可以用于"烧饭"游戏的材料。

妮妮:"可以加菜和肉。"

菁菁:"可以加很多草进去!变成蔬菜汤!"

老师:"那怎么才能得到你们想要的这些材料呢?"

然然:"我有个办法,我们可以在幼儿园里找一找,看哪些材料可以用。"

老师:"那我们一起在幼儿园里找一找吧。"

> 肯定幼儿的想法,陪伴幼儿寻找可用的材料。

铭铭在围墙边发现许多开花的荠菜,他摘了一些放进篮子里;美美走到樱花树下,发现地上落了厚厚一层樱花瓣,她收集了几捧;然然走到玩泥区,跟玩泥的小朋友要了些泥团;灵灵看到菜地里有刚钻出土的小青菜。

灵灵："我们来拔些青菜吧！"
铭铭："不能拔，这些菜太小了，等它们再长大些！"
妮妮："我们不能随便拔别的班小朋友种的菜。"
菁菁："对，而且我们做的菜都不能吃，青菜是可以吃的。"
灵灵低着头，露出失望的神情。
老师："菜地里除了青菜，还有什么？" _{关注幼儿的情绪，鼓励幼儿寻找其他材料。}
灵灵："还有小野草。"
老师："这是狗尾巴草，它可以拔吗？"
然然："可以。王老师说过，它会和青菜抢好吃的，青菜就长不大了。"
众幼儿："是的，可以拔。"

于是，大家一起观察、比较、讨论哪些是狗尾巴草，然后拔了好几把，并把它们放进篮里。

分析

幼儿游戏发展情况及教师支持思路

"烧饭"游戏初期，小厨房中仅有泥和水两种材料。游戏开展了一段时间后，幼儿已经能熟练地制作"泥巴汤"，但是参与游戏的其他幼儿不满足于单一、简单的"菜品"，他们对"菜品"提出了新的要求，"厨师"局限于当前的材料，面对"顾客"的需求"有心无力"。此时教师需要思考如何满足幼儿对多样"菜品"的需求，推动游戏情节向前发展。

教师的支持

结合"顾客"有需求而"厨师"无法满足的游戏困境，教师先是通过"那你们想吃什么样的菜呢？"这个问题，鼓励幼儿表达希望新增的"菜品"，从中了解幼儿的兴趣和需要。随后以"那除了泥和水，你们觉得还可以用什么材料来做这些好吃的呢？"这个问题引导幼儿发散思维，思考可用于户外小厨房的其他材料，并肯定幼儿想在幼儿园中搜寻游戏材料的想法。

随后，教师陪伴幼儿搜寻可用于"烧饭"游戏的其他材料，幼儿通过观察、寻找，发现了许多自然物，也产生了对"蔬菜能不能摘"这个问题的讨论。当发现被否定的幼儿有失望情绪，教师以"菜地里除了青菜，还有什么？""这是狗尾巴草，它可以拔吗？"这两个问题，将该幼儿的注意力转移到菜地里的野草上，以疏解幼儿的失望情绪，同时初步引导幼儿思考"为什么蔬菜不能摘，但野草可以"这个问题，促使幼儿观察、比较蔬菜和野草的特征。

启示及延伸

教师还可以思考并采取以下支持策略：

1. 在游戏分享环节引导全体幼儿迁移生活中的经验，继续讲述自己曾吃过什么样的菜、这道菜用到了哪些材料，拓展幼儿对菜品的经验，促使幼儿将已有经验迁移到小厨房中，思考小厨房可以增加的"菜品"、可收集的材料等，也可以鼓励有兴趣的幼儿用图画记录"菜品"。

2. 植物是有生命的，植物到底能不能采摘、什么时候能采摘、哪种可以采摘，这些问题涉及生命伦理教育，教师心里应有判断标准。游戏过程中，教师已与幼儿进行了初步的讨论，后面可视游戏的发展情况，组织幼儿围绕"怎么和植物做朋友"这个话题开展讨论，引导幼儿尊重植物、尊重生命。

场景三：泥巴鲜花饼

现在，小厨房里有了足够的食材：樱花瓣、荠菜花、狗尾巴草、树叶、泥巴、石头……小厨房一下子忙碌和热闹起来，小厨师们有的翻炒，有的加水，有的添柴火，他们热火朝天地做着美味可口的饭菜。

妮妮将泥巴、水倒入平底锅中并搅拌，再压平整，铭铭在上面撒上樱花花瓣。妮妮又用手将花瓣向下压一压，并说："这样花瓣就不会掉了。"

铭铭："鲜花饼，鲜花饼！我们今天有新菜啦，欢迎大家过来品尝！"

其他幼儿听到后，纷纷参与游戏。

游戏分享环节,教师邀请小厨师们和大家分享了做鲜花饼的事。

老师:"听说今天小厨房有了新菜品,谁来介绍一下呢?" _{将幼儿新的游戏创意共享给其他幼儿。}

妮妮:"我们今天做了鲜花饼,用樱花(瓣)和泥巴做的。"

老师:"你是怎样做的呢?" _{鼓励幼儿讲述"鲜花饼"的制作方法。}

妮妮:"就是加一些水在泥巴里,把花和泥巴一起拌。"

老师:"你做鲜花饼的时候,为什么是一点一点地加水呢?" _{聚焦具体的制作细节,引导幼儿讲述多次且每次少量加水的原因,了解幼儿的想法。}

妮妮:"要是一下子加很多水,就不能做成饼了,就变成泥水了。"

老师:"所以,你一点点地加水,边加水边看泥巴的样子。你这个方法真不错!"

图 2　泥巴"鲜花饼"

分析

幼儿游戏发展情况及教师支持思路

妮妮能综合利用泥、水和花瓣进行灵活创造,并给作品命名"鲜花饼",对物品的操作水平处于意义创新阶段。接下来,教师的支持应聚焦于鼓励妮妮展示自己的创意作品和引导妮妮关注制作细节上,从而达到在集体中分享制作经验的目的,帮助大家拓宽思维,丰富"菜品"。

教师的支持

教师首先在游戏分享环节邀请幼儿分享自己的作品和制作方法,随后,基于幼儿的表述,以"你做鲜花饼的时候,为什么是一点一点地加水呢?"这个问题指出自己观察到的细节,引导幼儿讲述理由。这个问题既传达出教师对幼儿游戏行为的关注,引发幼儿表达自己的想法,同时也引导幼儿将"多次、每次少量加水"这个经验分享给其他幼儿，达成共享经验的目的。

启示及延伸

基于本游戏场景中幼儿的游戏行为，教师还可以思考并采取以下策略：

1. 以混合搅拌泥和水的动作为出发点，引导幼儿进一步探索将泥和水按不同比例混合搅拌后的样态，以此丰富幼儿的经验。

2. 幼儿已开始尝试用泥做出不同的"菜品"，教师可继续引导幼儿提升操作水平。首先，教师可以提供可塑性强的泥巴，以便幼儿用捏、搓等不同的方法制作立体"菜品"。其次，教师可以提供一些菜品的图片，便于幼儿用泥制作、创造出更多的"菜品"。

场景四：泥巴粽子

今天有许多客人老师来户外小厨房做客，少少要包粽子给她们品尝。他找到几片大大的结香叶子，把它们当粽叶，随后舀了一勺干泥巴放到叶子上，并将叶子卷起来。他卷叶子的时候里面的泥巴不断向外漏出。

客人老师："小朋友，看看你包的粽子，你有发现什么问题吗？" 〔引导幼儿思考包"粽子"时遇到的问题。〕

少少："这个粽子太大了。"

客人老师："粽子太大了，（泥）漏出来了！"

少少："我放的泥有点多了。"

客人老师："你看你的泥巴有点太散了，有什么办法可以让它们更紧实一点呢？" 〔提醒幼儿注意泥巴的干湿程度是影响"粽馅"松紧度的因素之一。〕

少少："还要加点水。"

少少将水加到泥巴中并搅拌。他重新舀了湿泥巴包粽子，并拿掉了多余的泥，这次泥巴没有漏出来。少少卷好粽叶后，教师给他拿来绳子，但少少试了好几次都无法将绳子紧紧捆在粽子上。教师为少少示范捆扎绳子的方法，但少少绑的绳子还是很快松散开来。

老师:"为什么还是包不紧呢?" 〔了解幼儿对"粽子"总是包不紧的原因的认识。〕

少少:"绳子太滑了。我不太会用这个绳子。"

老师:"那我们还有什么办法可以(把粽子)包紧一点呢?" 〔引导幼儿发散思维,思考其他包紧"粽子"的办法。〕

少少:"可以换一种绳子包!"

老师:"美工区有很多不一样的绳子,你可以试试呢。" 〔鼓励幼儿探索用合适的绳子包紧"粽子"。〕

少少尝试用皮筋捆绑粽子,但是他试了好几次,都失败了。

老师:"皮筋为什么不行呢?" 〔引导幼儿思考用皮筋捆绑"粽子"失败的原因。〕

少少:"这个皮筋只能绕几圈,缠了这两边,就不能缠到其他地方了。"

老师:"那什么材料可以环绕粽子,把粽子缠起来呢?" 〔引导幼儿寻找更适宜的材料。〕

少少看到旁边美工区的小朋友在用铝丝捆竹条造型,就去问她们借了一段铝丝。

少少:"用这个,这个我一弯就可以把它系上去!"

老师:"你真棒!现在你能包好粽子了。"

少少非常熟练地将铝丝绕在粽子上,捆好了粽子。

图3 少少用铝丝包好的"粽子"

分析

幼儿游戏发展情况及教师支持思路

幼儿将泥巴当作"粽子"的"馅料",并尝试通过卷的动作、利用捆绑的技能来包"粽子",可见,幼儿已经有了创新"菜品"、赋予泥巴新的意义的意识。但因为包"粽子"是一个复杂的过程,涉及泥巴和水的比例、"馅料"与叶子的大小比例、幼儿手部动作的协调性、幼儿捆扎技能的熟练程度等多重因素,幼儿的创新意识受限于泥巴的干湿特性、泥巴填充物的用量、捆扎材料与技能等方面，因此，教师的支持重点应放在引导幼儿对材料进行反复探索上，推动幼儿逐步达成对材料的创新使用。

教师的支持

针对幼儿包"粽子"时泥巴总是漏的问题，教师通过与幼儿聊天，为幼儿提供方向性指导，推动幼儿思考泥巴漏下来的原因和解决办法，引导幼儿成功地包好了"粽子"。

针对幼儿无法用绳子扎紧"粽子"的问题，教师先提出"为什么还是包不紧呢？"这个问题，了解幼儿对绳子的认识、使用绳子时遇到的问题。随后基于幼儿想更换材料的想法，鼓励幼儿亲自探索与尝试，发现不同材料的使用方法与局限，继而寻找到适宜的材料。在此过程中，幼儿先后了解到绳子太滑、皮筋可绕圈数有限、铝丝可弯可折的特性。教师不断鼓励幼儿尝试、体验，最终，幼儿达成了包"粽子"的愿望，对物品的操作水平进入了意义创新阶段。

启示及延伸

正如前文所述，包"粽子"涉及多方面技能的综合运用，幼儿通过体验最终成功包出"粽子"具有一定的偶然性：幼儿操作绳子、线圈的经验较少，处于从操作摆弄阶段向熟练掌握阶段过渡的时期，而幼儿对铝丝非常熟悉，对铝丝的操作水平处于熟练掌握阶段。因此，在后期的指导中，教师还可以思考并采取以下策略：

1. 对中班幼儿来说，捆扎物品是有一定难度的，教师需要帮助幼儿积累捆扎的经验。一方面，可结合幼儿的经验，在户外小厨房提供多样的、有层次的捆扎材料，以便处于不同游戏水平的幼儿挑选适宜的捆扎材料。另一方面，在其他区域中，教师可以设计与捆扎物品相关的平行游戏，同时，基于幼儿的兴趣，先提供操作难度较低的捆扎材料，随后逐步增加其他材料，引导幼儿挑战更高的捆扎难度。

2. "粽子"的制作材料主要是泥巴，考虑到小厨房的"食材"比较丰富，教师可以鼓励幼儿根据自己过端午节吃粽子的经验，集体讨论粽子有什么口味，可以用什么材料来制作"馅料"，甚至可以鼓励幼儿进一步发挥想象，让幼儿借助不同的材料做出自己喜欢的"粽子"，丰富"粽子"的品类。这就是引导幼儿将生活经验迁移至游戏中，并在游戏中提升生活技能。

泥巴美食

笔记本电脑诞生啦！

中班　角色区、美工区

案例背景

"小医院"游戏中，"医生"嘟嘟总会在"办公桌"上放一块纸板，某天，嘟嘟的行为引起了轩轩的好奇，他们展开了对话。

轩轩："嘟嘟，你桌上的纸板是干什么用的？"

嘟嘟："这个是医生工作要用的电脑。"

轩轩："我爸爸就是医生，他桌上的电脑不是这样的。"

两人就"电脑是什么样的"这个问题争论起来，谁也说服不了谁。

教师注意到两名幼儿的争论，同时初步推测轩轩说的是台式电脑，嘟嘟的纸板可能是"笔记本电脑"，于是，在游戏分享环节，教师先请两名幼儿各自描述对电脑的认识，从而验证自己的推测。接下来，教师出示了台式电脑和笔记本电脑的图片，丰富幼儿的认识。最后，就"笔记本电脑的样子"这个话题和幼儿展开交流。幼儿的说法五花八门，如"电脑有两个部分，一个是屏幕，一个是打字的""屏幕可以打开、关上""电脑旁边有个可以控制电脑的东西""有不同的颜色"等。从幼儿的回答中，教师了解到幼儿对笔记本电脑的结构和功能有基本的认识。

在第二天的游戏中，嘟嘟从美工区挑选了纸盒、纸板、纸盘、麻绳等多种材料，尝试重新制作一台"笔记本电脑"。通过拼摆，他最终选择用两块纸板来制作。本案例呈现了嘟嘟的制作过程。

场景一：屏幕与支架的连接和稳定问题

嘟嘟将一块纸板放平当作键盘，把另一块竖放当作屏幕。在连接屏幕和键盘时，他从透明胶、固体胶、双面胶、海绵胶等可以用于连接的工具中选择了固体胶，并尝试进行连接：第一次，嘟嘟在键盘上方与屏幕相接的地方涂胶，随后粘贴屏幕，但是屏幕倒了；第二次，嘟嘟在键盘侧边涂胶，粘贴屏幕，屏幕还是倒了；第三次，他先将几块纸板粘贴在键盘下面以增加键盘的厚度，然后在加厚的键盘的侧面涂胶，来粘贴屏幕，但屏幕还是倒了。他叹了一口气，继续尝试用固体胶粘贴，但均没有成功。

图1　嘟嘟在"键盘"上方涂胶，连接"屏幕"

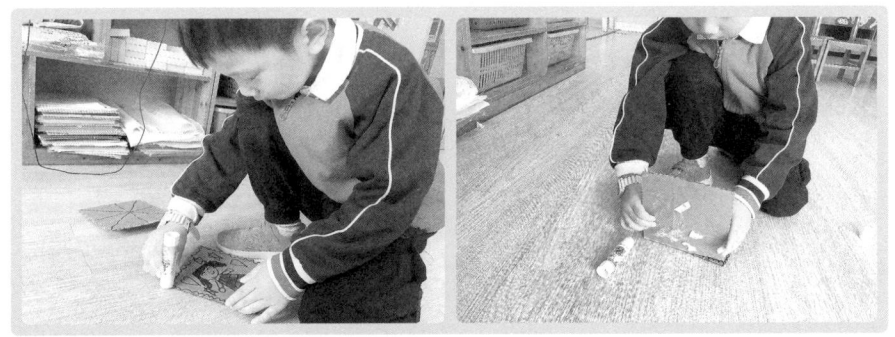

图2　嘟嘟在"键盘"侧边涂胶，连接"屏幕"

图3　嘟嘟增加"键盘"的厚度并在其侧边涂胶，连接"屏幕"

游戏分享环节，教师请嘟嘟讲述连接纸板时遇到的问题。

嘟嘟："我想把两个（块）纸板粘起来，但是粘不起来。"

老师："我看见你试了很多次，这两块纸板还是没粘上，大家有什么办法？" ｜ 描述幼儿的尝试过程，让幼儿意识到教师对他的关注，同时将问题"抛"给其他幼儿，引导幼儿共同思考，分享连接物品的经验。

轩轩："你没用力按！"

老师："除了要用大点的力气把它们粘在一起，还有什么办法？" ｜ 鼓励幼儿发散思维，思考其他能成功连接纸板的办法。

美美："可以换另外的胶。"

老师："美美说得有道理！除了胶棒，还有什么胶可以用？" ｜ 唤醒幼儿对其他种类胶的认知经验。

嘟嘟："可以用那个两边都可以粘的胶（双面胶）！"

老师："嘟嘟说的是双面胶。我们的美工区有很多这种胶，嘟嘟你再试试，看双面胶能不能把两块纸板粘上。"

在第二次游戏中，嘟嘟反复尝试用双面胶连接两块纸板，最后他成功了，但是两块纸板连接得并不牢固，屏幕总是向后倒。他被这个新的问题难住了，主动寻求教师的帮助。

老师："嘟嘟，你还记得上次医院病房的门总是倒，我们是用什么方法解决的？" ｜ 引导幼儿迁移"医院"游戏中固定"病房门"的经验。

嘟嘟："用东西抵住。"

老师："那我们的电脑屏幕也像门一样会往后倒。"

于是，嘟嘟在屏幕后面放了一块圆柱，但是，当纸板向后倒时，圆柱虽然抵住了纸板，但仍会被纸板推动。随后，他灵机一动，在键盘中间部位重新粘贴双面胶，将圆柱和屏幕、键盘（将原键盘的一半作为新键盘）牢牢地固定在一起。

嘟嘟："这样用胶就能粘得牢牢的！"

教师用视频记录下嘟嘟固定屏幕的过程,并在游戏分享时将视频播放给全体幼儿观看,以拓展其他幼儿的经验。之后,教师往区域中投放了纽扣、贴片、黏土等辅材,继续观察嘟嘟可能与这些材料产生哪些互动。

图4 嘟嘟换了一个位置用双面胶连接"键盘"和"屏幕",并用圆柱固定

分析

幼儿游戏发展情况及教师支持思路

根据豪威斯的"同伴游戏评定表"可以看出,嘟嘟与同伴的互动处于单独游戏水平(零水平),虽没有与其他人产生交流、互动,但嘟嘟非常专注,且遇到问题时能坚持尝试,不断调整解决办法,表现出很好的学习品质。在操作材料时,他将两块纸板分别看作"键盘""屏幕",并尝试使用固体胶反复进行连接,不能成功连接时,他能有目的地调整连接位置、增加连接处的面积,这说明他熟悉用胶连接物体的操作,对物品的操作水平处于熟练掌握阶段。但因为他对固体胶的适用场景、胶体的黏性、粘贴处的面积大小与粘贴对象的重量等的认识不足,一直未获得成功。此时教师需要先了解幼儿对连接不成功的原因的想法,进而引导幼儿解决问题。

幼儿在同伴提议下将固体胶更换为双面胶,初步成功连接了两块纸板。但因为粘贴处的面积较小而纸板较重,连接得并不牢固。此时幼儿对物品的操作水平处于熟练掌握阶段,能有目的地反复连接两块纸板,但粘贴的物体不稳固,这个问题成为幼儿遇到的另一个挑战,因此,教师应重点关注幼儿与材料的互动情况,思索如何推动他解决问题,而不是关注其社会性发展水平。

教师的支持

在观察到嘟嘟反复用固体胶连接纸板但均失败后，教师在游戏分享环节，先是通过"我看见你试了很多次，这两块纸板还是没粘上，大家有什么办法?""除了要用大点的力气把它们粘在一起，还有什么办法?"两个提问，了解幼儿对连接不成功这个问题的想法，鼓励幼儿发散思维，思考其他连接办法。其次，有幼儿建议更换其他的胶，这符合教师对粘贴不成功的原因的判断，于是教师顺应幼儿的建议，以"除了胶棒，还有什么胶可以用?"这个问题进行追问，唤醒全体幼儿关于用胶连接物品的经验。

幼儿并没有"粘贴面积与物体的稳定性之间存在一定的关系"这样的认识，也没有三角形结构能增强物体稳定性的经验，因而，当嘟嘟因双面胶连接物品不稳固而向教师求助时，教师抓住这个契机，没有直接为他提供答案，而是通过提问帮助嘟嘟回忆之前在"医院"游戏中获得的支撑"病房门"的经验，引导他迁移经验解决相似问题，并将遇到的问题以及想到的解决办法在集体中进行分享。

至此，"笔记本电脑"主体部分初具雏形，接着，教师提供了贴片、纽扣等装饰性辅材，继续观察嘟嘟与材料的互动。

启示及延伸

教师还可以思考并采用以下策略：

1.嘟嘟在连接物品的过程中曾尝试过增加纸板的厚度，以增大"键盘"和"屏幕"的接触面，教师可以询问嘟嘟增加纸板厚度的原因，了解嘟嘟关于粘贴部位、粘贴面积对连接效果的影响等方面的经验，并基于嘟嘟的回答选择适宜的指导策略，促进游戏情节的发展。

2.教师可以通过家园共育形式，请家长有针对性地引导幼儿观察电脑的结构、了解电脑的类型等，帮助幼儿丰富相关经验。

场景二：怎样让屏幕动起来？

嘟嘟继续完善电脑，他在做好的电脑屏幕上用黏土捏了一个医生形象，表示只有医生可以使用这台电脑。在将自己的作品与真实的笔记本电脑做比较后，嘟嘟又增加了鼠标和鼠标垫。

电脑的出现使"医院"游戏更加热闹了，但是幼儿间的冲突也随之而来。一次游戏时，嘟嘟和轩轩出现了冲突。

嘟嘟："你把我的电脑弄坏了，屏幕都掉下来了！"

轩轩："我只是把屏幕向下推一下，它（屏幕）就掉下来了，可是我妈妈的电脑屏幕就是可以上下推动（开合）的。"

嘟嘟："就是你把它弄坏的！"

两名幼儿吵得不可开交，嘟嘟哭着找到教师。

教师拿来真实的笔记本电脑，说："看看这个笔记本电脑的屏幕是不是能动（开合）呢？"

> 搁置幼儿间的争议，引导幼儿观察、操作真实的电脑，帮助他们验证已有的认知经验。

通过操作，嘟嘟发现笔记本电脑的屏幕确实可以调高、调低。

老师："嘟嘟，可以让你的电脑屏幕也这样动起来（能调高、调低）吗？"

> 提出具有挑战性的任务，并尊重幼儿，了解其是否有接受挑战的想法。

嘟嘟："可以。"

嘟嘟开始尝试制作可以调整角度的电脑屏幕。他在键盘与屏幕连接的侧边贴上双面胶，尝试每移动一次屏幕就用手按压两边一次，但是他失败了。

嘟嘟的探究过程引起了其他幼儿的兴趣。

老师："大家都来想想办法，我们可以用什么材料、什么办法，让电脑屏幕动起来（能调高、调低）？"

> 回应众幼儿的兴趣，鼓励更多幼儿进行探究。

图5 嘟嘟在"键盘"侧边粘上双面胶

笔记本电脑诞生啦！

幼儿纷纷探究起来。

尝试一：将圆柱放倒。

行行将圆柱放倒，并用双面胶将其固定在键盘后方的纸板上，随后他轻推了一下屏幕，发现屏幕降低了，但是当他想调高屏幕时，圆柱无法提供支撑了。

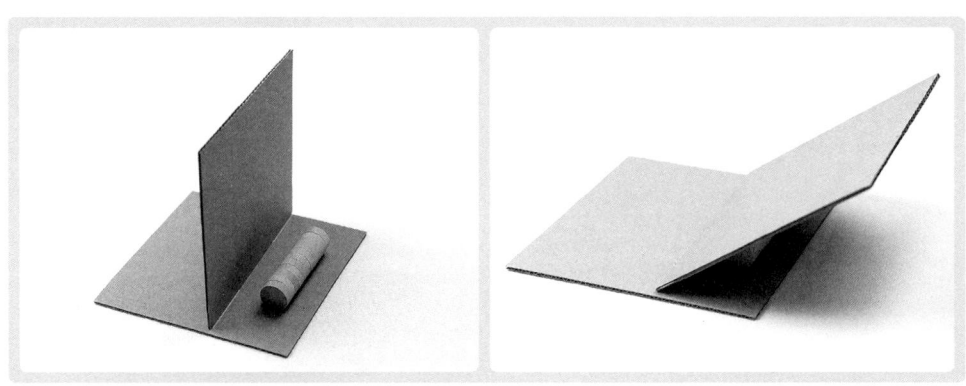

图6　行行将圆柱放倒并固定，"屏幕"降低了，却无法再调高

尝试二：撕掉圆柱上的胶，让圆柱自由滚动。

小哲撕下圆柱上的双面胶，又在键盘后方的纸板上竖向粘贴了双面胶，并用手拨动圆柱使其滚来滚去。在这个过程中，他发现屏幕可以上下移动。

图7　小哲在"键盘"后方的纸板上粘贴双面胶，并滚动圆柱

尝试三：用石头抵住圆柱，控制圆柱滚动的距离。

洛希："如果圆柱滚远了，屏幕就会直接睡（倒）下来，圆柱也不知道会滚到哪里去。"

于是她在键盘后方纸板的边缘粘了一块石头。她拨动圆柱，屏幕会随着圆柱的移动降低高度，同时又因为石头的阻挡，圆柱总是在一定的范围内滚动。

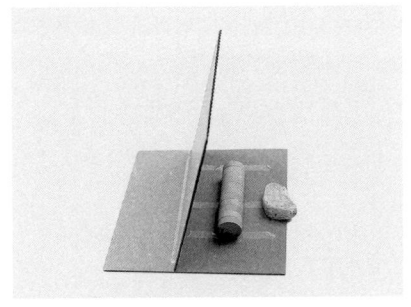

图 8　洛希在纸板边缘粘贴石头

经过这三次尝试，幼儿似乎没有新的想法了。在本次游戏结束后，教师鼓励幼儿回家和爸爸、妈妈交流，寻找新的方法。

尝试四：模仿 Pad 支架，给屏幕做个支架。

又一次游戏时间，小哲兴奋地说找到了新的方法。他去美工区挑选了好多根冰棒棍，又拿来一些双面胶和一小块纸板。他首先在屏幕背面贴了一块长方形的小纸板作为支架，然后用双面胶将一块新的纸板与键盘后方的纸板连接。随后，他在连接好的纸板上贴好双面胶，在双面胶上有间距地粘贴冰棒棍。所有的材料都粘贴完毕后，他将屏幕后的小纸板插入冰棒棍的间隔中，通过插入不同的间隔而达到调整屏幕倾斜度的目的。

图 9　小哲模仿 Pad 支架制作"电脑屏幕"支架

老师："你是怎么想到这个好办法的？"　　了解幼儿创意的来源。

小哲："妈妈让我看了 Pad 的保护套，保护套上的一个支架插在不同的槽里，（屏幕的）高度就不一样。"

老师："你的意思是，平板电脑的保护套上有不同的凹槽，平板电脑的支架插在不同的凹槽里，（屏幕）就有不同的高度？"

小哲："嗯。"

此次实践探究结束之后，教师在游戏分享环节呈现了记录幼儿全部探究过程的照片和视频，并鼓励幼儿分享自己的探究方法。

分析

幼儿游戏发展情况及教师支持思路

嘟嘟用黏土制作了人物形象来表示"电脑"的使用权归属于"医生"，也创造性地运用材料制作了"鼠标"和"鼠标垫"，他对物品的操作水平处于意义创新阶段。随着新"电脑"被运用到游戏中，幼儿的游戏热情高涨，轩轩的游戏体验与生活经验产生了冲突，他误把"屏幕"弄坏的行为引发了他与嘟嘟的争执，在"屏幕可不可以上下推动"这个问题上，两人有不同的经验，嘟嘟寻求教师的帮助。

真实的笔记本电脑屏幕能够抬高、压低，但嘟嘟看到自己的作品被破坏，感到气愤和伤心，这是可以理解的。教师需要思考如何与幼儿共情，同时思考以何种方式让嘟嘟接受新的经验，并尝试探索"让屏幕动起来"，进一步丰富、完善"电脑"的细节。

教师的支持

由于中班幼儿还不能很好地"去自我中心"，不能很好地站在对方的角度看待问题，与人交往的技能和方法还较欠缺，因此，在面对幼儿的争执时，教师并没有直接判断谁的经验是对的、谁的是错的，而是通过提供真实的笔记本电脑，鼓励幼儿在操作中亲身体验、实际感知笔记本电脑屏幕可以开合的事实，同时，激发幼儿调整作品的意向，鼓励幼儿实现自己的想法。

嘟嘟接受了挑战，尽管他失败了，但他的探索行为引起了其他幼儿的广泛兴趣，教师注意到这个契机，以问题"大家都来想想办法，我们可以用什么材料、什么办法，让电脑屏幕动起来（能调高、调低)?"调动其他幼儿的探究兴趣，支持他们进一步与材料互动。

在幼儿尝试都没有成功时，教师没有着急，她给予幼儿充足的时间探索、操作，使幼儿丰富相关经验，在幼儿的探索遇到"瓶颈"时，教师有效利用家长资源，引导幼儿关注、挖掘生活经验。最终，小哲在妈妈的引导下，借鉴平板电脑保护套的设计，有创意地解决了"让屏幕动起来"的问题。

在整个探究过程中，多名幼儿展示了自己的想法和方法，他们不仅需要梳理自己的经验，也要学习其他幼儿的经验，因此，教师在游戏分享环节通过分享照片、视频，引发集体讨论，让幼儿的经验在原来的基础上都得到了提升。

花儿图书馆

大班　角色区、美工区

案例背景

角色区要开展新游戏了，幼儿纷纷表达自己关于游戏主题的想法，有人想玩"跳蚤市场"游戏，有人想玩"花店"游戏，还有人提出想玩新游戏"花儿图书馆"……面对这么多的游戏想法，他们提议投票决定新游戏的主题，最后，"花儿图书馆"以高票当选。可是"花儿图书馆"游戏要怎么玩呢？带着这个疑问，幼儿在家长的陪伴下，实地参观了图书馆，观察、记录了自己的发现。

回到幼儿园，师幼共同讨论开展"花儿图书馆"游戏所需要做的准备，幼儿说要有书柜、存包柜、自助办证机、图书消毒机、服务台、电脑、安保设备……并思考可用的制作材料。随后，幼儿分组领取了不同的任务——有的小组制作"书柜"，有的小组制作"图书消毒机"，有的小组制作"自助办证机"……每个小组的组员也有不同的分工，有的组员负责寻找材料，有的组员负责制作道具，有的组员负责装饰，还有的组员负责组装。

场景一：服务台挤满了人

游戏开始了，服务台（进行借书登记和还书登记的地方）挤满了人。

心心："你不要挤我。"

铭铭："你快点，填好借书信息后换我（填）。"

图书管理员："别吵，别吵！要排队！一个一个来。"

图1　图书馆服务台挤满了人

教师将这个游戏场景拍摄下来，并在游戏分享环节与幼儿分享、交流。

老师:"为什么服务台那边全是人?" _{以询问式语言引导幼儿聚焦问题并反思出现问题的原因。}

兜兜:"因为班上所有的人都去当读者了。"

老师:"都去当读者,这么挤,要怎么办?" _{引导幼儿思考解决问题的方法。}

然然:"少一点人当读者。"

老师:"可是大家都想玩这个游戏,怎么办?" _{通过提问引导幼儿思考更为合理的解决办法。}

幼儿一时没有想到好的办法。

老师:"你们可以分组讨论,想一想在图书馆还能做什么。" _{以建议式语言启发幼儿关注、思考图书馆的工作内容。}

(小组讨论后)

吉祥:"可以(有)一些小朋友在美工区做书。"

末末:"因为图书馆里都是书,我们可以当'作家'做书,这样就有更多的游戏(内容)了。"

末末的建议获得了多数幼儿的支持。于是,本次游戏后,教师有意识地向幼儿介绍不同类型的书,并展示纸质书或图书的照片,和幼儿一起讨论图书的构成部分、特点等,并向"百宝箱"(材料收纳箱)中投放了布、纸板、毛线、麻绳等新材料。

分析

幼儿游戏发展情况及教师支持思路

上述游戏场景中,由于图书馆中的角色单一,幼儿可选择的游戏内容较少,因而他们不停地借书、还书,游戏行为重复、单一。根据幼儿的游戏行为和出现的冲突情况,教师利用"同伴游戏评定表"可判断出大多数幼儿的游戏水平还处于简单的社会性游戏(水平三)向互补/互惠游戏(水平四)过渡的阶段,幼儿能意识到自己的"读者"角色,但他们之间并无对话或其他的社会性交流。

考虑到幼儿的年龄特点，教师需要启发幼儿丰富游戏内容，并促进幼儿彼此间的交往，推动幼儿向互补／互惠游戏水平发展。

教师的支持

教师观察到幼儿游戏中出现拥挤、无序的情况，以录像的方式记录了这个游戏场景，并通过以下策略进行支持。

首先，以询问式语言启发幼儿发现因"读者"太多导致的拥挤问题，引导幼儿思考解决办法，当幼儿提出减少"读者"人数这个办法时，以"可是大家都想玩这个游戏，怎么办？"这个问题启发幼儿进一步思考这个办法的可行性。

其次，在幼儿的思考陷入困境时，教师建议他们分组讨论，以建议式语言鼓励他们开拓思路，调动之前参观图书馆时获得的经验，思考在图书馆还能做什么，拓展游戏的内容范围。

最后，教师根据幼儿的游戏需求，为幼儿提供图书内容、特点等信息，并提供了多种新材料，支持幼儿后续的游戏行为。

后面教师需要继续观察幼儿的游戏行为，观察他们与材料的互动是否产生变化，并判断是否需要提供新的支持与帮助。

启示及延伸

当幼儿游戏出现问题时，教师没有直接介入，而是拍摄幼儿游戏的场景，并在游戏分享环节以情景回放的方式支持幼儿思考解决问题的方法。教师选择在此环节"复盘"，使幼儿能从游戏中暂时抽身，有利于幼儿更加直观、迅速地发现问题。除了在游戏分享环节引导幼儿"复盘"之外，教师在面临类似游戏场景时，还能做什么？有两种思路可以参考。

一是进一步丰富幼儿关于图书馆的经验。本游戏场景中，幼儿关于图书馆的已有经验集中在图书馆有什么物品方面，他们较少关注图书馆中的人及其承担的职责，因而在自己玩"图书馆"游戏时，角色单一，内容受限。教师可以基于幼儿的已有经验，引导他们关注图书馆中的工作人员及其负责的工作内容，关注图书馆会开展的活动等，必要时，鼓励幼儿再次探访图书馆。

以此帮助幼儿丰富对图书馆的认识,拓展班级"图书馆"游戏的内容。

二是关注游戏问题解决的即时性。当游戏过程中出现明显的拥挤、混乱等现象且幼儿无法解决时,教师可以以旁观者的身份,借助询问式语言,引导幼儿发现拥挤问题,也可以以游戏同伴的身份加入游戏,用游戏参与者的口吻提出问题。无论哪种方式,都可以推动幼儿在游戏过程中思考问题、解决问题,帮助幼儿走出游戏困境,减少幼儿的消极等待,减轻幼儿的挫败感。

场景二:布书、竹简书、树叶书的出现

教师往"百宝箱"里投放新材料后,一些幼儿开始做书。

左左从"百宝箱"里找到一块布,她先在上面画了几朵荷花,然后在布的另一边画了一些竖线,并在竖线间隔中写字。写好字后,她把布卷起来,用缎带绑好,还系了一个蝴蝶结。一本布书做好了。

图2 左左制作布书

图3 三名幼儿串联细长条纸板,制作竹简书

杰瑞、潇潇和孟妞开始制作竹简书。杰瑞将纸板剪成细长条状,他用打孔机分别在细长条纸板两端打孔。潇潇和孟妞将麻绳穿过孔洞后打结,将细长条纸板串联成竹简书的样子。

灵灵和可可从户外捡了几片大树叶,开始用树叶做书。灵灵拿了几片树叶,她先剪下一段毛线,尝试用毛线将两片树叶连在一起,但是她只能在第一片树叶上打一个结,无法将第一片树叶和第二片树叶连起来。灵灵尝试了很多次,都失败了。

老师:"为什么毛线在第二片树叶上总是打不起结呢?"

> 以询问式语言引导幼儿思考打结失败的原因。

灵灵："绳子太短了。我这个绳子长一点就好打结了。"

灵灵重新剪了一段毛线（长度约为之前那段的两倍）。她先在第一片树叶上用一半长度的毛线打结，然后在第二片树叶上用另外半段毛线打结。接着，她又剪了一段与前一根一样长

图4　灵灵在树叶上打单结

的毛线，先在第二片树叶上用一半长度的毛线打结，随后在第三片树叶上用另半段打结……灵灵重复使用这一方法将几片树叶依次连起来，做成了树叶书，最后她在树叶书上进行绘画。

可可则使用了另一种方法。她先在树叶上画出书的内容，然后剪了一段很长的毛线开始连接树叶。她在第一片树叶上打结，固定好毛线的一头，在连接第二片树叶时，她先把毛线绕一个圈，将毛线没被固定的另一头穿过线圈，随后将线圈套在叶柄上，再把毛线向两边拉紧，这样两片树叶就都固定好了。她开始连接第三片、第四片……

图5　可可将毛线绕圈并将另一头穿过线圈

图6　可可将线圈套在叶柄上

老师："你的方法很好，你是怎么想到的？"　　了解幼儿经验的来源。

可可："外婆打毛线衣的时候，我看到她这样绕的。外婆教过我这个方法，我就用它做树叶书了。（用）这个方法很快就打好结了。"

在游戏分享环节，教师邀请幼儿分享自己制作的图书和制作时的想法，并在灵灵和可可分享了各自的打结方法后，邀请其他幼儿进行了尝试。针对

书页的连接情况，教师还抛出新问题引发幼儿思考。

老师："除了用线、绳打结，还能用什么东西打结呢？" 　　拓展幼儿对连接材料的认识。

灵灵："（用）什么线都可以。"

潇潇："用铁丝。"

老师："除了打结，还有什么连接方法呢？" 　　拓展幼儿对连接方法的认识。

可可："用胶粘。"

成成："可以订起来。"

杰瑞："用夹子夹住。"

老师："你们的方法都很棒，下次可以试一试。" 　　以鼓励式语言引导幼儿与材料产生新的互动方式。

本次游戏结束后，教师提供了可用于连接书页的新材料，并与幼儿一起收集了不同形式、不同内容的书籍放在班级中，还组织实施了"好书分享时刻"活动，鼓励幼儿分享自己发现的有意思的书，拓展幼儿对书的形式和内容的认识。

分析

幼儿游戏发展情况及教师支持思路

该游戏场景中，几名幼儿分别用布、纸板、树叶等材料完成了布书、竹简书和树叶书的制作，创新了书籍的形式。同时，他们采用不同的打结方式连接书页：有的将麻绳穿过"竹简"上的洞并打结；有的重复用多根毛线两两连接树叶；有的迁移外婆用毛线打结的经验，使用同一段毛线不断绕线圈打结，连接所有树叶……幼儿对物品的操作水平均处于熟练掌握阶段。教师需要引导幼儿在集体中分享各自的游戏创意和使用的多种打结技能，丰富其他幼儿的经验。

此外，教师在观察中也有所发现：灵灵无法用短毛线打结并连接两片树叶；综合分析几名幼儿的打结方法，可以看出，几名幼儿都是使用线、绳在物体相同的部位打结，以连接物体。教师需要加深并拓展幼儿对连接材料、连接方法和连接部位的感知与认识。

教师的支持

针对灵灵无法用短毛线打结以连接两片树叶的问题，教师以"为什么毛线在第二片树叶上总是打不起结呢？"这个开放性问题，引导幼儿思考原因，推动幼儿解决问题。

针对幼儿多样的游戏创意和在物体相同部位打结的共性特点，在游戏分享环节，教师一方面组织幼儿分享在"图书"制作过程中使用的打结方法、遇到的难题和解决方法，将个体经验扩展为群体经验，另一方面，提出"除了用线、绳打结，还能用什么东西打结呢？""除了打结，还有什么连接方法呢？"两个新问题，引导幼儿调动已有经验进行思考，并以鼓励式语言引导幼儿进行探索，从而丰富幼儿对连接材料、连接方法和连接部位的认识，培养幼儿的创新思维。

游戏中，几名幼儿用多种材料制作了不同形式的"图书"，结合幼儿的各种表现和他们对"做书"游戏的兴趣，教师在本次游戏结束后继续为幼儿提供新的可用于连接的材料，还与幼儿收集了更多的图书，鼓励幼儿进一步探索和尝试。

场景三：图书馆平面图的产生

最近，很多外园教师来园参访，他们对"花儿图书馆"游戏产生了极大的兴趣并经常向幼儿询问该游戏的情况。在一次游戏分享中，幼儿向教师提出了困扰自己的问题。

成成："老师，很多来参观的老师总是让我们介绍图书馆在哪里、有什么，我觉得很烦。"

老师："那怎么办呢？谁能帮助他？" *将问题"抛"给其他幼儿，引导幼儿集体思考。*

五一："可以画一个平面图。我去南京图书馆的时候，爸爸带我看过（平面图），他就是靠平面图帮我找到卫生间的。"

成成："什么是平面图？"

教师在网上搜了一张平面图，用多媒体设备播放给幼儿看。

老师："这张图看上去怎么样？" <small>以开放性问题引导幼儿自主观察与讨论。</small>

成成："就是图形，有方形、半圆形……"

心宝："和我们平时画的房子不一样。"

然然："这个感觉像压扁了。"

五一："这个图是从上面往下看的，我爸爸是设计师，他就是画这个的。不同的图形意思都不一样。我想试试画我们班的平面图。"

五一看着多媒体设备显示的平面图，说："教室是大长方形的，旁边的小长方形代表走廊，门用半圆形表示。桌子用更小的方形（表示），然后小圆形代表椅子……"

五一尝试绘制，但是没有成功，他的情绪不佳。

老师："我们一起来帮五一找一找失败的原因吧，你们觉得，五一哪里画得不对？" <small>邀请其他幼儿进行观察，讨论五一第一次绘制的平面图中存在的问题。</small>

淡淡："门的位置不对。"

骏宝："做书的桌子位置不对。"

甜甜："阅读区的桌子位置也不对。"

老师："你们想一想花儿图书馆都有哪些（和平面图）不同的地方，说一说这些地方都在门的哪个方位。" <small>对幼儿来说，简单地讲"物体的位置不对"过于抽象，于是以方向性问题引导幼儿以"门"为参照物，将平面图与实际场景进行对比。</small>

五一："门在长方形的短边上。"他一边说一边指。

其他几名幼儿也帮五一指出了做书的桌子、阅读区、服务台等的位置。教师根据五一和其他幼儿的讲解，在他的平面图上进行调整。

老师："这下，你觉得对了吗？" <small>询问幼儿对改后的平面图的看法，尊重幼儿的主体性。</small>

五一："这下就对了。我们太厉害了！"

五一根据修改后的第一版平面图重新进行绘画，逐一正确画出每个物体的位置。

画完后，老师问："你们观察一下多媒体设备上显示的平面图，看看我们的平面图完成了吗?"

淡淡:"还没有写字!"

骏宝:"就是,还要写上东西(是什么),那个图上面就是(写了字的)。"

五一:"对,我们还要标好(什么图形)是什么。"

老师:"没错,平面图画好后还需要标注每个图形代表的是什么地方,这叫作图例,能够帮助看图的人找到自己(现在)的位置和想去的地方。"

于是,五一请教师帮忙完善平面图。他告诉教师每个图形代表的是什么,教师用"序号+图例"的方式进行标注,平面图终于完成了。

随后,教师请五一在游戏分享环节讲解了平面图中的各个场所,并将平面图贴在游戏区域的入口处。

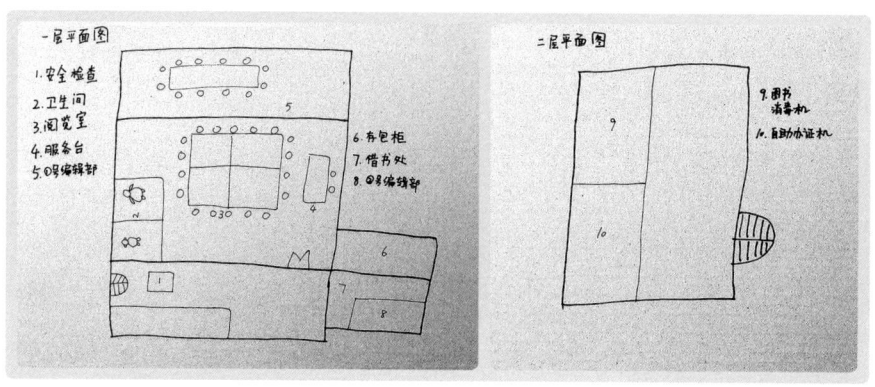

图7 花儿图书馆平面图

分析

幼儿游戏发展情况及教师支持思路

游戏进行到一定阶段时,幼儿因为要频繁地向参访者介绍花儿图书馆的位置和内部设置而苦恼,在游戏分享环节向教师求助。教师需要引导全体幼儿讨论,思考"如何才能让别人自助找到花儿图书馆、了解图书馆里有什么",以减少参访者对幼儿游戏的打扰。

教师的支持

教师顺应幼儿的需求，主要从以下几个方面进行指导。

第一，以"那怎么办呢？谁能帮助他？"这个开放性问题，将幼儿的困扰"抛"给其他幼儿，鼓励幼儿思考、共享自己的经验。

第二，拥有"看平面图找地方"生活经验的五一提出绘制平面图的想法，这一提议激起了其他幼儿对平面图的好奇，于是教师借助多媒体设备呈现简单的平面图范例，并以"这张图看上去怎么样？"这个开放性问题引导幼儿了解平面图的绘制视角、内容和功能等。

第三，五一在初次尝试绘制平面图时不能在平面图中正确表现实物的位置，教师引导幼儿观察，提示幼儿以"门"为参照物来确定实物位置，并协助幼儿在第一版平面图上进行调整。五一再次尝试时逐一画出各物体的正确位置。

第四，教师继续引导幼儿观察平面图范例，幼儿发现了"图例"，五一与教师配合，给自己的平面图配上了图例，完成了平面图的绘制，最后在分享环节向全体幼儿介绍平面图的内容。

教师在此游戏场景中持续观察幼儿的游戏行为，在关键节点出示平面图的范例图片，并以开放性问题引导幼儿观察、思考，使幼儿获得"以平面图表示立体空间"这个新经验，推动幼儿发展。

启示及延伸

考虑到在该游戏场景中众多幼儿接触、了解了平面图及其特征，教师也可以在介绍完平面图基本要素后，鼓励幼儿单独或分组绘制自己心中的"花儿图书馆"平面图，使幼儿有更多的参与感，让幼儿在操作中感受、巩固获得的新经验。

场景四：管理员的记录表

在这次游戏中，小雪选择扮演图书管理员。她摆放好电脑后，开始帮助读者借书、还书。

小雪:"请问有什么需要帮助的?"

勋勋:"我来还书,还一本,然后再借一本。"

小雪:"好像不是吧?你刚刚借了两本吧?"

勋勋:"我刚刚只借了一本呀,你记错了吧?"

小雪:"呃……好吧。"

过了一会儿,小雪去柜子里拿了一张纸、一支勾线笔,回到岗位上。当有人来借书、还书时,她在纸上进行记录。

老师:"这画的是什么意思啊?" 了解幼儿的游戏想法。

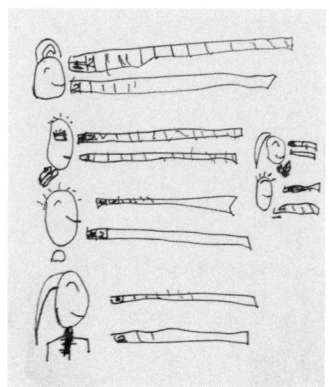

图8 小雪做的"借书、还书记录单"

小雪:"前面的人头,画的是(来借书的)小朋友。旁边的两行,上面一行(记录的)是他来借(的)书,下面一行(记录的)是他还(的)书。这样记下来,我就能记得了。"

在游戏分享环节,教师邀请小雪分享她的记录单,并引导全体幼儿一起围绕记录单进行讨论。

老师:"记录单里还应该包括什么东西呢?" 引导幼儿进一步思考记录单的构成要素。

小雪:"借了几次书。"

成成:"什么时候借的和还的。"

五一:"还有借了几本书。"

老师:"那我们有这么多小朋友,我们怎么知道是谁借的和还的呢?" 引导幼儿思考记录单上如何呈现"读者"身份信息。

花花:"可以贴照片。"

米米:"写名字。"

青青:"可以写学号呀。"

老师:"你们的想法都很不错。这里有一些白纸,你们可以尝试设计一张你心中的记录单,我们下次再来分享。" 鼓励幼儿自主尝试设计记录单。

分析

幼儿游戏发展情况及教师支持思路

在这个游戏场景中，幼儿基于遇到的问题积极思考，生发出设计"借书、还书记录单"这个新的游戏内容，并进行创意表达，表现出了很好的学习品质和解决问题的意识。教师需要将新的游戏内容共享给其他幼儿，推动游戏情节的发展。

教师的支持

在游戏过程中，教师以"这画的是什么意思啊？"这个开放性问题了解幼儿的想法，随后在游戏分享环节请幼儿分享，既肯定了幼儿产生的新的游戏想法，给予幼儿自信，同时将新的游戏内容共享给其他幼儿，激发幼儿丰富游戏情节的兴趣。

同时，教师经询问发现幼儿对记录单要素的认识存在提升空间，因此，通过"记录单里还应该包括什么东西呢？""我们怎么知道是谁借的和还的呢？"这两个新问题，引导幼儿更加全面地思考记录单的要素（如借书与还书的次数、数量、日期等）、记录的方法（如用头像、名字或学号来代表"读者"身份）等，并提供空白纸张，鼓励幼儿丰富记录单的内容，完善记录单的结构。

启示及延伸

值得思考的是，在这个游戏场景中，记录单是新产生的游戏内容，幼儿还没有充分体验它的作用、不足之处。教师可以让游戏发展的节奏慢一点，待幼儿在游戏中有了充分体验之后，再引导幼儿完善记录单。若幼儿玩了一段时间后，没有发现记录单的不足且对它的存在习以为常，教师可以以"借书者"或"还书者"的角色身份加入游戏，通过角色语言与幼儿沟通，了解幼儿对记录单的想法，引导幼儿发现其中的问题，从而推动幼儿完善记录单，进一步丰富幼儿关于记录单的经验。

小银行取钱风波

大班　角色区

案例背景

最近的"小银行"游戏中,幼儿对"取钱"产生了浓厚的兴趣,他们频繁地去小银行"取钱",导致"钱"很快被取完了。面对这种情况,在游戏分享环节,幼儿经过讨论,生成了小银行的"取钱规则":一次可以取10元。幼儿按照此规则继续进行游戏。

场景一:单次取钱不能超过10元还是一天不超过10元?

游戏分享环节,柔柔手持记录单,与大家分享她在小银行工作时遇到的问题。

柔柔:"今天,我在小银行工作。凯凯来取了两次钱,(第一次)他取了两个5元,(第二次)他又取了8元,一个1元、一个2元、一个5元。洵洵(另一位小银行工作人员)说可以取,我觉得不可以取。"

图1　柔柔用记录单记录凯凯的取钱方式

老师:"柔柔和洵洵对凯凯取钱这件事情有不一样的看法,我们来听听他们的想法。"

> 鼓励幼儿自主表达,勇敢讲述自己的想法。

柔柔:"我们之前说好了只能取10元钱。凯凯已经取过一次10元的了,他不能再取钱了。"

洵洵:"我觉得一次能取10元钱,第二次也能取10元钱。"

老师:"洵洵觉得只要每次取钱不超过10元就可以,柔柔认为一天取钱的总数不能超过

> 提炼两名幼儿的观点,并给予其他幼儿发表意见的机会。

10元钱，你们更同意谁的观点？"

佳佳："我同意柔柔的。因为这是我们之前商量好的。"

土豆："我们之前讲的是一次不超过10元钱就行，没有讲过一天不超过10元钱。而且（一次）直接取10元钱，后面就不能取钱了吗？就比如要办护照，（在）旅行社花了10元钱办护照，那就没办法（取钱）去其他地方玩儿。"

老师："看来大家对'一次可以取10元'这条规则有不同的理解，可能我们上次的讨论还不够清楚。在游戏中10元钱到底够不够用呢？哪些地方需要用到钱呢？请小朋友们把想法画出来。"

> 面对幼儿对规则的不同理解，引导幼儿转换思路，鼓励幼儿从钱的流向角度思考"钱够不够用"这个问题。

幼儿画好以后，教师请幼儿按自己画的内容将记录单对应贴在"一次取10元，可以取多次"和"一天只能取10元"两条规则的下方。

老师："谁来说一说为什么10元钱不够用，需要多次取钱？"

> 请幼儿自由表达选择"一次取10元，可以取多次"的原因。

茜茜："我画了零食店、医院、理发店、美术馆，我想去这些地方，但是10元不太够。"

杭杭："（我画的）这个小朋友取了10元钱，他先去蛋糕店，又去小吃店，但是没有钱了，他就要再取10元钱。"

老师："谁来说一说为什么一天只可以取10元？"

> 请幼儿自由表达选择"一天只能取10元"的原因。

凡凡："今天我只要去小吃店，所以我只需要取10元就可以了。"

土豆："那旅行社不一定呀。"

老师："每个小朋友对规则都有自己的理解，有些小朋友觉得可以不用取那么多钱，有些小朋友觉得只取一次钱不够用。我们把小朋友们的想法做一个统计，看看究竟应该怎样去银行取钱。"

> 总结幼儿的想法，引导幼儿关注他人的想法。同时建议用统计的方式解决分歧。

经过统计，21名幼儿选择"一次取10元，可以取多次"，仅有4名幼儿选择"一天只能取10元"。

于是小银行的取钱规则变为：一天可以多次取钱，每次取钱不超过 10 元。幼儿把完善后的取钱规则画下来，贴在小银行游戏区。

分析

幼儿游戏发展情况及教师支持思路

在"小银行"游戏初期，面对幼儿频繁"取钱"、"钱"被取光的情况，师幼通过制定规则规范幼儿的游戏行为，是可以理解的。随着游戏体验的丰富，幼儿发现"取钱规则"的"漏洞"，想法出现了分歧，教师需要帮助幼儿梳理经验、澄清问题、完善"取钱规则"，使之更适宜。

教师的支持

在游戏分享环节，教师先是鼓励问题的发现者表达自己及同伴对规则的理解，随后教师提炼让幼儿产生分歧的问题，并将它"抛"给其他幼儿。面对幼儿间意见不一致的情况，教师搁置分歧，鼓励幼儿结合实际的游戏情境思考对"钱"的需求量，以反思"一天只能取 10 元"的适宜性。当幼儿的意见仍然无法统一时，教师提出以统计结果为依据来判断是否要完善规则，以此推动幼儿一起对游戏规则进行完善，提高幼儿对完善后的规则的认可度。

启示及延伸

通过多次游戏，幼儿对"取钱"有了一定的体验，从该游戏场景中也能看出，认同"一天只能取 10 元"规则的几名幼儿所讲的理由也有一定的道理，因此，除了引导幼儿遵从"少数服从多数"这个原则、遵照更明确的"取钱规则"来游戏外，教师可继续以开放性问题引导多数派幼儿思考如何尊重、理解少数派幼儿的想法，以此引导幼儿"去自我中心"，增强站在他人角度考虑问题的意识。比如，面对统计结果，教师可以提出"有些小朋友的想法不一样，我们可以怎么做呢？"之类的问题，鼓励幼儿继续思考、讨论。又如，引导幼儿商量"每次取 10 元，但限定一天中取钱的次数"，以在两种意见之间取得一种平衡。

讨论中,"留白"和暂时悬置十分重要,教师可以多给幼儿留出讨论和演示的机会,引导他们联系并迁移生活经验。

场景二:10 元钱币可以怎么取?

星星来到小吃店,点了几串烤串,他拿出在银行取的 10 元钱递给店员月月,月月翻了翻收银盒子,对星星说:"没有钱(找)给你。"

星星:"但是我只有一个 10 元钱。"

月月:"可是这些只要 8 元钱,盒子里没有钱了,你把 10 元钱拿走。"

游戏分享环节,教师向幼儿分享她今天观察到的现象。

老师:"今天有个小朋友拿着 10 元钱却花不出去,因为他去小吃店的时候店员没钱找给他,就拒绝收他的钱。你们在游戏中有没有遇到过这种情况呢?你们是如何解决的?"

> 描述幼儿"花钱"时遇到的困境,引发幼儿讨论"10 元钱币可以怎么取"的话题。

柔柔:"我是去银行换零钱的!我换了两个 5 元,这样理发店、小吃店就都收我的钱了。"

土豆:"换成 5 张 2 元的也行呀!"

凡凡:"我帮他们取 1 个 10 元,要是 10 元(的钱币)没有了,我就帮他们取 10 个 1 元,后来取的人多,我也帮他们取 2 个 5 元。"

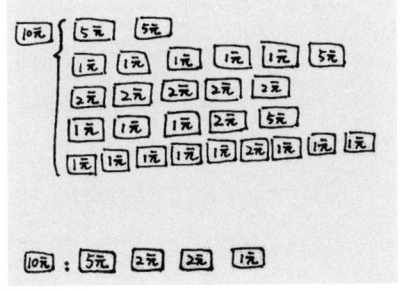

图 2 "10 元"钱币的取法记录单

洵洵:"我还有别的方法,1 个 1(元)、2 个 2(元)、1 个 5(元),也行!"

凡凡:"我可以取 4 个 2 元,再取 2 个 1 元!"

老师:"既然每个人都对怎么取 10 元有自己的想法,那请大家把它们记录下来,帮助小银行(的工作人员)更好地为大家取钱。"

> 鼓励幼儿记录并分享各自"取 10 元钱"的方法。

幼儿记录自己的取钱方法，并把它们贴在墙面上，供小银行工作人员和其他幼儿在游戏时参考。

分析

幼儿游戏发展情况及教师支持思路

在使用"钱币"的过程中，幼儿遇到了真实的问题情境："客人"只有10元"整钱"，"店员"没有"零钱"找，只能不做这单"生意"。基于幼儿已获得的"数学"领域相关经验和后续幼儿的讨论，我们可以发现，幼儿在钱币的使用方面有不同的经验：有的还困于"整钱"花不出去的情境，有的已经拥有将"整钱"兑换为小面额"零钱"的经验，且非常熟练，对"钱币兑换"处于熟练掌握阶段。教师应从"无法找零"的游戏情境出发，结合大班"数学"领域的相关经验，帮助幼儿梳理关于兑换零钱的方法，引导幼儿共享、提升相关经验。

教师的支持

教师在游戏分享环节将捕捉到的"无法找零"问题"抛"给全体幼儿，引发了幼儿对这一现象的集体关注，由此生成了对"10元钱币可以怎么取"这个话题的讨论，促使幼儿分享彼此的游戏经验。为了使幼儿的经验和想法展示得更为直观，教师鼓励幼儿以图画记录的方式表达自己的想法，同时鼓励幼儿将做好的记录单张贴在小银行的环境中，这些做法不仅让幼儿在游戏情境中迁移数学经验，感受数学的有用，也发展了幼儿在游戏情境中运用数学经验解决问题的能力。

启示及延伸

在该游戏场景中，教师还可以思考并采取以下策略：

1. 除了在游戏分享环节引发全体幼儿关注、共享钱币兑换经验外，教师也可视被拒绝"收钱"的幼儿的情绪、游戏状态，考虑是否在游戏过程中介入。若幼儿有明显的失落情绪或"购买食物"的愿望比较强烈，教师可以及时介入游戏，先了解幼儿遇到的问题及问题产生的原因，随后引导"买者"和"卖者"双方思考解决办法，比如，教师可以问："有什么办法能让他成功买到吃的呢？"或者提醒"买者"："可以去小银行问问，看小银行的工作人员能不能帮到你。"

2. 游戏分享环节，面对幼儿多种"取10元钱"的想法，教师也可以继续通过开放性问题，如"每个人都有自己取10元钱的想法，这么多想法，我们怎么才能清楚地看到呢？""这么多的记录，要怎么给到小银行的'工作人员'，让他们更好地为大家换零钱呢？"等，引发幼儿对钱币兑换方法的记录方式、记录单在环境中的呈现方式等的思考，教师可以从中更好地了解幼儿的游戏水平。

3. 对幼儿而言，在真实使用"钱币"的游戏过程中，将10元"整钱"兑换为小面额"钱币"是很有挑战的。有些面额（比如2元）的钱币已在生活中停止流通了。教师可以考虑在游戏中提供一套与实际生活相符的游戏钱币，潜移默化地引导幼儿关注钱币的面额。基于幼儿已掌握的游戏经验，适时提供具有一定引导性的材料进行隐性指导，这也是一种拓展幼儿游戏情节的策略。

场景三：钱币的面额怎么算？

在后续的游戏中，幼儿探索出"10元怎么取"的多种方法，但他们对钱币的面额产生了争议。

轩轩："10可以分成1和9，2和8，3和7，4和6，5和5。"

土豆："银行哪里有9元（的钱币）给大家呀？"

柔柔："那我们自己画一些9、8、7这些（面额的）钱币不就行了吗？"

凡凡："画下来也不行，世界上根本就没有9元、8元这样的钱呀！"

大家听了凡凡的话后开始犯愁，教室里静了下来。

老师："是呀，没有这些面额的钱，要怎么取10元钱呢？"

> 提问，引发幼儿讨论。

茜茜："我们把没有的钱换成有的不就行了吗？把3元换成1元和2元，4元可以换成2个2元……"

老师："哇，你们真棒，能想到将不同面额的钱进行组合！那我们把这几种方法记录下来，提供给小银行吧。"

> 肯定幼儿的想法并鼓励幼儿记录。

洵洵："老师，如果小朋友取的钱不超过10元怎么办？"

老师："取多少钱是'不超过'10元呢？"

> 以追问鼓励幼儿进一步描述"不超过10元"的面额有哪些。

土豆："8（元）和9（元）就不超过。"

茜茜："10以前的，9、8、7……1这些都不超过。"

老师："洵洵的问题很好，我们也可以继续想一想、画一画不超过10元的钱都有哪些取法。"

> 鼓励幼儿发散思维，思考10元以内钱的取法。

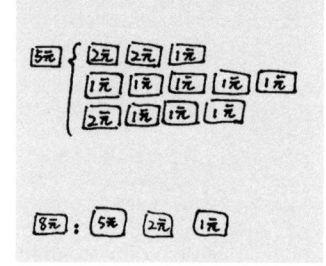

图3 "5元""8元"的取法记录单

幼儿把不同金额钱币的取法记录下来，汇总后交给小银行张贴起来。

分析

幼儿游戏发展情况及教师支持思路

在数学经验方面，轩轩对10的分法有清楚的认知，能口头表达10的组合方法，对10的分合处于熟练掌握阶段。但是钱币的面额有特殊性，轩轩、柔柔仅从数学层面讨论钱币面额，而土豆、凡凡对钱币的面额有一定的认识，幼儿的认知经验出现了冲突，教师需要抓住这个契机，结合现实生活中钱币的面额，引导幼儿在真实的游戏情境中，转化运用"数的分合"这个纯数学经验。

教师的支持

大班幼儿各方面的经验进一步丰富，能通过讨论自主表达各自的想法并进行协商，因此，在面对上述情境时，教师大胆放手，提出"是呀，没有这些面额的钱，要怎么取 10 元钱呢？""取多少钱是'不超过' 10 元呢？"等问题，并建议幼儿"继续想一想、画一画不超过 10 元的钱都有哪些取法"，鼓励幼儿积极思考、讨论、记录自己的想法。教师的提问与建议促进了幼儿经验的共享。

启示及延伸

在后续的游戏中，教师可以继续观察幼儿"取钱"的过程，同时可以邀请家长参与教育活动，丰富幼儿在生活中运用钱币的经验，比如，请家长带幼儿使用钱币购买 10 元以内的物品，帮助幼儿认识不同面额的钱币，使幼儿了解不同面额的钱币能买到相应价格的物品，熟悉钱币的兑换和找零……在生活中丰富幼儿的数学经验。

我的梦想家园

大班　建构区·户外

案例背景

在大型建构活动中，幼儿围绕搭建主题"梦想家园"描述自己心中的完美家园，比如："我梦想中的家是有两层楼的，很大很宽敞，有专门的玩具室。""我梦想中的家也是双层的，一楼看电视、玩游戏，二楼是公主房间，我在里面睡觉。""我的梦想家园楼顶上要有大露台，妈妈能在露台上晒衣服、种花，我能在上面跳绳、做游戏。""房子旁边还要有花园和游泳池，这样邀请朋友来做客会很有趣！"……

随后，幼儿自由分为三组，各组分别绘画"家园设计图"，并阐述设计理念、房子的结构、功能以及需要的建构材料。组员最多的一组，设计了他们的"梦想家园"："两层楼，一楼是客厅，二楼是卧室，前后有花园和泳池。"本案例记录和呈现了该组幼儿从寻找材料、物色场地到搭建"梦想家园"的全过程。

图1　"梦想家园"设计图

场景一：选择材料和场地

确定了设计图后，幼儿边思考边在教室内寻找可用的搭建材料。

小宇："我觉得可以用清水积木，方方正正的，用四倍块盖顶，就能搭出两层楼的房子。"

橙宝："我想搭出'梦想家园'后能真的进入家里，清水积木太小了，（用它们搭建的家）我们进不去呀！"

大家纠结该用何种材料来建构。

老师:"我们要不要去幼儿园各个地方找找,看看是否有合适的材料呢?" *以建议式语言把问题"抛"给幼儿,鼓励幼儿扩大范围寻找适用的材料。*

幼儿在教师的提议下开始在园内寻找可用材料。他们来到了一楼的露天"宝藏库"(低结构材料柜),发现了许多未拼装的纸箱。

橙宝:"纸箱比清水积木大,我们把它们拼好,一层一层地垒高,就能搭出能住人的房子啦!"

幼儿如获至宝,他们两两合作将纸箱运送至教室。待运送完,他们惊讶地发现未拼装好的纸箱就已经占据了教室大部分的地面,教室里没有更多的空间可以用来组装、建构了。

老师:"教室里放得下那么多的大纸箱吗?" *点明"纸箱太大"这个问题,引导幼儿关注游戏场地适宜性的问题。*

乐乐:"要找个大点的地方!"

老师:"我们幼儿园哪里宽敞呢?" *引导幼儿发散思维,寻找更适合的搭建场地。*

骏元:"要不去教室外的走廊上搭建吧。"

小宇:"走廊那里人太多了。"

老师:"那再想想,我们平常玩耍的地方哪里人比较少呢?" *以方向性问题唤醒幼儿的生活、游戏经验,引导幼儿思考面积大且人少的地方。*

佳宜一下反应过来:"天台或者国旗广场!那里最大了。"

橙宝:"天台我觉得更好,因为人更少些,更方便!"

大家一致同意将建构场地安排在天台上,就是我们班的晨间锻炼场地旁。

分析

幼儿游戏发展情况及教师支持思路

在前期谈话的基础上,幼儿能自主讨论、确定建构游戏的主题并绘制设计图,他们对物品的操作水平处于意义创新阶段。在讨论选用什么材料的过程中,他们非常清楚地讲述选择清水积木的利与弊,表明幼儿对清水积木的操作水平处于熟练掌握阶段。因清水积木较小,不能满足幼儿搭建大型作品的需求,因此,使用何种材料成为当前幼儿面临的问题之一。在幼儿发现并搜集到纸箱这个材料后,因室内建构空间不足,寻找合适的场地又成为幼儿面临的另一个问题。教师应把支持重点放在引导幼儿选择适宜的材料和空间方面。

教师的支持

面对原材料不适宜的问题,教师以建议式语言"我们要不要去幼儿园各个地方找找,看看是否有合适的材料呢?"鼓励幼儿打破仅在室内寻找材料的思维定式,将寻找材料的范围由教室扩展到全园。面对场地不适宜的问题,教师先以"教室里放得下那么多的大纸箱吗?"这个问题点明场地空间不足,引导幼儿关注、思考解决办法,随后以方向性问题"我们幼儿园哪里宽敞呢?"引导幼儿发散思维,最后以问题"那再想想,我们平常玩耍的地方哪里人比较少呢?"总结、提炼幼儿对空间的需求——宽敞、方便搭建、不妨碍他人走路。经过思考和讨论,幼儿选出了方便他们在建构作品中穿梭的材料和适合进行大型作品建构的场地,建构游戏有了物质基础。

场景二:墙面倒了

幼儿在天台开始了搭建。"盖房子嘛,从砌墙开始呗。"骏骏将4个纸箱排列成一排后,接着向上垒高搭建第二层、第三层,后来因为搭好的纸箱过高,骏骏还借助攀爬架进行搭建。他站上攀爬架,请其他同伴递纸箱,搭建第四层、第五层……在准备搭建第五层时,骏骏发现上层的纸箱只要被风一吹或被手一碰就会滚落。

图2 骏骏站在攀爬架上搭建

骏骏:"应该是我没有把纸箱垒整齐,墙才会塌的,我们再搭一次。"
骏骏用同样的方法搭建了多次,但都失败了。
小宇:"两层楼的房子,这才第一层就不牢了,还怎么继续下去嘛。"

幼儿没有了刚开始搭建时的热情，搭建进度放慢了，他们都有些受挫。

老师："我们再找找原因，为什么房子会倒？" _{以开放性问题引导幼儿思考"墙面"会倒塌的原因。}

小宇："有几次是一刮风就倒了，还有一次是我们不小心碰倒的。"

骏骏："纸箱是纸做的，纸太轻了！"

橙宝："而且我们一次就把一面墙搭太高了。"

老师："那我们怎么才能搭出稳定的房子？" _{引导幼儿思考保持"房子"稳定性的方法。}

小宇："不能全用纸箱搭了，我觉得要换个风吹不动的材料！"

橙宝："楼层要一层一层地向上搭，不能光搭一面墙。"

老师："你们今天回家后，也可以和爸爸、妈妈讨论一下这个问题哦，看看他们有没有好办法。" _{发挥家长资源的价值，鼓励幼儿与父母讨论，丰富相关经验。}

分析

幼儿游戏发展情况及教师支持思路

幼儿能借助攀爬架反复将纸箱一层层往上垒，垒出较高的高度，可见在搭建技能层面幼儿对纸箱的操作水平处于熟练掌握阶段。但是面对"墙面"容易倒塌的问题，幼儿虽进行了多次调整，却均以失败告终，此时幼儿情绪上有些受挫。幼儿搭建"墙面"总是失败的根本原因在哪里呢？教师想要弄清这一点，需要先了解幼儿的经验。

教师的支持

教师关注到幼儿情绪低落，为了推动建构游戏情节的发展，又不打击幼儿自主探索的积极性，教师没有直接向他们解释原因，也没有提供解决方案，而是选择以开放性问题"我们再找找原因，为什么房子会倒？"了解幼儿的经验，引导幼儿思考并讨论"墙面"倒塌的原因。教师通过方向性问题"那我们怎么才能搭出稳定的房子？"了解幼儿关于稳定结构的经验，让幼儿自主思考可行的解决方案。

从幼儿的讨论中,教师发现幼儿对材料的轻重、房屋的结构等缺乏经验,"墙面"倒塌的问题不能通过一次讨论就解决,因此教师想到可以发挥家长资源的作用,鼓励幼儿和父母探讨房屋结构、建造方式等方面的内容,丰富幼儿的间接经验。

启示及延伸

怎样让幼儿获得粗浅的关于保持"墙面"稳定性的经验?除了可以利用家长资源外,教师还可以为幼儿提供一些简单易懂的关于房屋结构和搭建过程的图片、视频,并在此基础上鼓励幼儿讨论,扩展幼儿关于搭建房屋的经验,并引导幼儿继续尝试。

场景三:寻找新的建构材料

晨间锻炼的时候,幼儿发现:"攀爬梯有很多个,它们很重,不会被风吹倒,而且每个都一样高。"于是他们把攀爬梯搬到了天台上。其他幼儿受到启发,纷纷搬来自己认为合适的建构材料。不一会儿,大家收集到了攀爬架、攀爬梯、平衡木、垫子、彩色拱门等多种体育锻炼器材,可选的建构材料一下子就丰富了。

骏骏与同伴用攀爬架搭建:他们先将四个攀爬架放置在四个角,再将四个攀爬梯横着架在两个攀爬架之间,将攀爬架围合起来,随后用大垫子进行盖顶。搭好后,幼儿很快发现大垫子中间可以折叠的地方会塌陷。怎么办?幼儿一时没了主意。

图3 幼儿用大垫子盖顶

图4 大垫子中间会塌陷

老师:"为什么垫子中间容易塌呢?" 　引导幼儿观察和思考垫子塌陷的原因。
骏骏:"中间太沉了!"
小宇:"这个中间是可以折起来的,会弯下去。"
老师:"那怎样才能让中间这部分不会弯下去呢?" 　引导幼儿思考如何支撑垫子。
橙宝:"可以拿东西放在下面撑起来。"
老师:"这个办法听起来不错,你们找找,有什么东西可以支撑垫子呢?" 　鼓励幼儿思考并寻找可用来支撑的材料。

幼儿开始尝试用不同的器械来支撑,多次尝试后他们发现:"我们可以用棍子(投掷杆)从中间把垫子顶起来,这样我们家一楼的'天花板'就平啦!"大家立刻行动起来,建构"梦想家园"的热情又重新燃起。很快,第一层就建好了。

图 5　幼儿用投掷杆支撑垫子

分析

幼儿游戏发展情况及教师支持思路

基于上次的游戏体验和之后教师、家长对幼儿的指导,幼儿开始利用多样的晨间锻炼器材——攀爬架、攀爬梯等——进行搭建,他们将攀爬架作为"梦想家园"的四角,再用攀爬梯进行围合,用大垫子进行盖顶。他们创造性地将体育锻炼器材作为建构材料,投入"房子"的搭建中,幼儿对搭建的过程和顺序有清楚的认知,在搭建技能上对物品的操作水平处于熟练掌握阶段。但是搭建"房子"第一层"天花板"时出现了中间塌陷的情况,幼儿发现了这个问题,却不能自主解决,游戏情节停滞了。在这种情况下,教师应重点引导幼儿关注、思考问题产生的原因,调动相关经验解决问题,以推动游戏情节发展。

教师的支持

教师以观察者的身份关注游戏过程,在幼儿遇到垫子中间容易塌陷的新问题时，教师首先肯定幼儿将垫子作为"天花板"的创意，随后提出"为什么垫子中间容易塌呢？"这个有针对性的问题，引导幼儿思考垫子中间塌陷的原因。随后教师继续以方向性问题"那怎样才能让中间这部分不会弯下去呢？""你们找找，有什么东西可以支撑垫子呢？"进行提问，鼓励幼儿思考如何利用适合的物体进行支撑。整个过程中，教师以相信的态度陪伴幼儿，鼓励幼儿积极开动脑筋，思考问题的解决办法，并给予他们多次尝试和探索的机会与空间，最终幼儿寻得了合适的材料——投掷杆。他们用投掷杆来支撑，以保持"天花板"的稳定性。

场景四：搭建第二层

成功搭建了第一层后，幼儿兴奋地准备搭建第二层。

小宇："要不再架一层攀爬架吧！就跟第一层一样。"

说完，小宇试着和同伴合作举高攀爬架，尝试将攀爬架架在第二层。

橙宝（观察小宇的尝试过程后）："好像不行，第一层是从地面建起的，（攀爬架）很平稳，但是（第二层）攀爬架只有四个角支撑，架两层好难哦。"

骏骏："攀爬架太重了，我们还是用纸箱来搭建吧！"

老师："之前你们发现纸箱容易倒，有什么办法能让纸箱不那么容易倒？" 调动幼儿关于固定物体的经验。

骏骏："用胶带把纸箱连在一起。"

图6 骏骏和同伴用胶带将纸箱两两固定起来

图7 幼儿将固定好的纸箱运到第二层

这个方法立刻得到了大家的认可，幼儿拿来胶带，将纸箱两两粘贴在一起，合成一块小墙面。每固定好一块小墙面，就由一名幼儿站在攀爬架上，把它运送到第二层，再用胶带把小墙面两两固定合成整面墙，直到第二层四周围合完毕。

分析

幼儿游戏发展情况及教师支持思路

幼儿在搭建第二层"房子"时，发现攀爬架并不适用，提议改用轻便的纸箱进行搭建，但是此前用纸箱搭建的"墙面"容易倒塌的问题并没有得到解决。尽管幼儿能熟练地将纸箱垒高，但他们并不知道该如何固定纸箱，在这一点上，他们处于操作摆弄阶段，因此，教师应在这方面给予重点引导与支持。

教师的支持

教师以观察者的身份持续观察幼儿的游戏，并倾听幼儿在游戏过程中的想法，当幼儿再次提议使用纸箱时，教师立刻指出纸箱易倒，提醒幼儿注意纸箱的稳固性，引导幼儿思考可行的解决方案。幼儿迁移以往的经验，利用胶带连接纸箱以搭建"小墙面"，成功解决了纸箱"墙面"不够稳固的问题。

启示及延伸

幼儿已在几次搭建游戏中了解到材料的轻重对建构作品稳定性的影响，所以，在幼儿再次提出用纸箱搭建第二层时，教师也可以先不做提醒，而是让幼儿继续尝试，从中了解幼儿经验的增长情况。

场景五：装饰、布置"梦想家园"

两层的"梦想家园"终于搭建完成了，幼儿欣赏着作品。

佳宜手持设计图，对比建构作品和设计图之后提出："在我的设计图上，花园里有花，墙壁上有爱心形窗户，家里还有灯光……现在我们搭建的这个家里还没有这些。"

小天："是的，总觉得我们搭的'梦想家园'没有设计图漂亮。"

老师："为什么没有设计图漂亮呢？"

佳宜："漂亮的装饰都没有。"

老师："用哪些材料可以装饰出漂亮的家园呢？"

> 引导幼儿发散思维，思考装饰可用的材料。

幼儿经过商量，直接用水粉颜料和炫彩棒在空白的纸箱上涂鸦创作，并在卡纸上绘画"吊灯""爱心形窗户""鲜花""电视机"等装饰物。

图8 幼儿装饰"梦想家园"

在大家的合作努力下，"梦想家园"变得好看了，彩色的墙壁、美丽的窗户、鲜花盛开的花园……

图9 "花园"　　　　　图10 "爱心形窗户"

骏骏:"好想拥有一个专门看电影的房间,里面要有软软的沙发、大大的屏幕。"

莎莎:"我想有一个弹钢琴的地方。"

喜宝:"浴室有大浴缸,超级酷!"

……

幼儿怀着憧憬,七嘴八舌地说着他们对家居陈设的想法,并用体育锻炼器材、纸箱、班级娃娃家里的物品等,组合出浴缸、沙发、钢琴等各种家具,放置在"梦想家园"里的不同区域。看着自己亲手搭建的作品,幼儿非常开心和自豪。

图11 "家具"

图12 "正门"

游戏分享环节,教师向全体幼儿分享自己拍摄的反映幼儿搭建过程的照片、视频等,鼓励幼儿讲述遇到的问题以及解决办法。分享活动不仅增强了幼儿的自信心和成就感,还激励他们进行下一次探索。

图13 "入户花园"的门口

分析

幼儿游戏发展情况及教师支持思路

在"房子"基本搭建完成后，幼儿通过对比设计图提出完善"房子"细节的需求，幼儿逐渐由熟练掌握阶段过渡到赋予"房子"意义的意义创新阶段。教师应了解幼儿想如何完善、装饰"房子"，并引导幼儿思考如何进行装饰，以推动幼儿朝着更高的游戏水平发展。

教师的支持

教师通过开放性问题"用哪些材料可以装饰出漂亮的家园呢？"激励幼儿发散思维，引导他们思考可用的材料。在此过程中，教师重视大班幼儿在游戏中的自主性，鼓励他们发挥自己的想象装饰"房子"。教师的放手为幼儿营造了自主、自由、宽松的物质和精神环境。幼儿在教师的引导和鼓励下，自主讨论、规划"房子"的内部空间，自由利用多种材料制作各种"家居用品"。

在游戏分享环节，教师组织幼儿回顾整个搭建过程，不仅有助于幼儿发展语言表达能力，还有助于幼儿经验的统整和提升。

搭房子

大班　建构区·户外

案例背景

户外游戏时间，淼淼将一个近似半圆的塑料拱桥（体育锻炼器材）倒置后，把玩具娃娃放在凹处，随后在最上面盖了一层布。淼淼说："拱桥是宝宝的摇篮，风太大了，就用一层布盖起来，这样宝宝就不冷了！"淼淼的想法激发了大家的游戏创意，幼儿纷纷表示也要建造一个能给"爸爸妈妈"遮风挡雨的"房子"，并且决定用大雪花片来搭。

图1　淼淼建造的"宝宝摇篮"

场景一：从门搭起能成功吗？

诺诺和锐锐拿着大雪花片，开始了讨论。

锐锐："这么大的雪花片，怎么搭呀？我们先搭什么呢？"

诺诺："要不我们搭一个大门吧！"

他们开始搭建，但搭好的门根本立不住。

锐锐："我知道了，我们在门下面加一层地基吧，就像用小雪花片搭房子一样！"

图2　幼儿搭"门"

他们从门的两个立柱开始向外延长搭建，搭出一层地基，门立起来了。但诺诺刚松开手，"嘭"的一声，全倒了！幼儿尝试了很多次，都失败了。

游戏分享环节，诺诺讲述了这个问题。

图3　幼儿搭"地基"

诺诺:"我们先搭了门,它立不起来。然后从门开始向两边延长(搭地基),可它总是会倒!我都不想搭了!"

老师:"大家一起想一想,为什么门总是会倒呢?" _{以开放性问题鼓励幼儿思考、讨论"门"倒塌的原因。}

瑞瑞:"门太高了,延长的(地基)太矮了。"

花花:"雪花片太多、太重了,就会倒。"

老师:"那房子应该怎么搭才不倒呢?" _{继续提问,引导幼儿思考解决问题的方法。}

锐锐:"小农庄兔子的房子就没倒。"

诺诺:"(那)是郝爷爷搭的,我们去问问他吧。"

教师带领幼儿询问郝爷爷,郝爷爷边带着他们观察房子边讲解:"房子是由四面墙、门、窗户、屋顶组成的,搭房子前需要先搭一个长方形的地基,然后一层一层往上搭。"

听了郝爷爷的话,幼儿回到班级后开始设计房子,并画了设计图。

图4 幼儿设计的"房子"

分析

幼儿游戏发展情况及教师支持思路

幼儿用大雪花片搭建出"门"的形状,却总是倒塌,无法站稳。虽然幼儿赋予大雪花片以"门"的意义,但他们对大雪花片的重量、高度与平衡性之间的关系不够明确,所以,教师可以判断他们对大雪花片的操作水平其实还处于从操作摆弄阶段向熟练掌握阶段过渡的时期。因此,教师的支持方向应该是进一步观察幼儿的现有经验,考虑如何调动幼儿的相关经验,通过多种方式促进幼儿向着熟练掌握阶段发展。

教师的支持

基于此，教师以开放性问题"为什么门总是会倒呢？"启发幼儿思考，了解他们的经验。通过分析幼儿说的"门太高了，延长的（地基）太矮了""雪花片太多、太重了，就会倒"等话语，教师了解到幼儿对大雪花片的重量、高度与"地基"之间的关系有一定的认识，于是继续提问："那房子应该怎么搭才不倒呢？"启发幼儿再次思考解决办法。教师的支持始终围绕着让幼儿反复操作、学习如何将建构作品立起来这个要点展开。对于幼儿提出的请教门卫郝爷爷的想法，教师给予肯定和支持。在门卫郝爷爷的讲解下，幼儿了解了房子的构成和基本搭建方法，为下一步的搭建奠定基础。

启示及延伸

鉴于幼儿用大雪花片进行立体建构的经验不足，教师还可以考虑采用以下两种支持策略：

第一，在游戏分享环节，调动幼儿用小雪花片进行建构的经验，引导幼儿集体思考让大雪花片"站稳"的方法。教师也可以提供一些建筑物模型、房子的图片，引导幼儿观察和思考。

第二，在发现幼儿多次尝试解决"门"倒的问题但均以失败告终时，在游戏时间足够的情况下，教师可以介入游戏，并通过提问了解幼儿遇到的难题、幼儿对原因的猜测，同时引导幼儿共同探讨解决办法等。这样既尊重和保证了幼儿的游戏体验和探究机会，也能疏解幼儿经历多次失败后可能产生的畏难、失望等消极情绪，激励幼儿产生继续尝试的动机并在操作中找到解决方案，从而提升幼儿的搭建水平。

场景二：墙为什么会斜？

锐锐和诺诺按照设计图大胆尝试起来。他们先用大雪花片在地面上拼出一个像是长方形的地基，然后再往上面加两层，但他们很快发现墙斜了。

诺诺跑前跑后看了看，说："锐锐，是不是你那边雪花片没插紧？"

他俩检查了一遍，把没有插紧的大雪花片插紧后，还是有一边墙体往外凸。

老师："你们仔细观察一下两边（长边）的地基，看看到底是什么原因（导致的）呢？"

> 以方向性问题引导幼儿观察，从而发现问题产生的原因。

锐锐："那可能我这边太长了吧，我来数一数有多少片（大）雪花片。"

他俩各自数自己拼插的长地基上的大雪花片数量，结果发现，锐锐那边用了 15 片，诺诺那边用了 13 片。

锐锐："还真是呢！那我们现在定好了啊，我拿掉 2 片，都插 13 片，怎么样？"

诺诺点头同意。他们数着"1、2、3、4……"再一次确认两边都是 13 片大雪花片，确定无误后，他们继续往上搭墙壁，墙没有再斜了。

分析

幼儿游戏发展情况及教师支持思路

幼儿虽能依据设计图灵活、熟练地运用大雪花片拼插以搭建"地基"和"墙壁"，但在过程中，幼儿忽视了"地基"对边需要等长的情况，所以他们仍处于由操作摆弄阶段向熟练掌握阶段过渡的时期。教师需要引导幼儿发现"地基"存在的问题，推动幼儿正式进入熟练掌握阶段。

教师的支持

教师观察到，问题在于"地基"相对的两条长边上的大雪花片数量不等，结合大班幼儿已有的数数经验和对常见几何图形特征的认识，教师以"你们仔细观察一下两边（长边）的地基，看看到底是什么原因（导致的）呢？"这个方向性问题引导幼儿观察和思考，使幼儿发现"墙"的歪斜是由于"地基"上两条边长短不同导致的。

在教师的支持下，幼儿通过数数发现"地基"的问题，并通过减少大雪花片的数量将"地基"长边调整齐，形成一个标准的长方形，然后继续搭建

"墙壁"。这表明幼儿对物品的操作水平进入熟练掌握阶段。

教师的支持不仅让幼儿在游戏中感知和理解数学知识,也渗透了《3—6岁儿童学习与发展指南》中鼓励幼儿"能发现生活中许多问题都可以用数学的方法来解决,体验解决问题的乐趣"的精神。当幼儿发现并成功解决"墙壁"歪斜的问题后,教师退出幼儿的游戏,继续观察,让幼儿充分体验解决问题的过程。

启示及延伸

这个游戏场景给予教师的启示是:要对幼儿的游戏行为进行适时、适宜的分析与解读,发现幼儿的学习与发展需求,促进幼儿直接经验与间接经验之间的联系,启发幼儿多角度思考解决问题的办法。

场景三:房顶塌了怎么办?

经过幼儿的努力,高高的四面墙终于搭好了。可房顶怎么搭呢?他们选取了相对着的两面墙壁,从它们的上边沿向内斜插大雪花片,形成两条斜边,期望最后将两条斜边连接起来形成尖顶状的房顶。可斜插的大雪花片越多,房顶越往下陷,不能形成向上顶的屋顶。诺诺拿来一根PVC管,将其搭在相对的两面墙壁的上部,当作横梁,想以此为支撑,形成三角形的房顶,可PVC管的长度不够。幼儿尝试了很多方法来搭三角形的房顶,但都失败了。

最后诺诺提议搭个平房,他的提议得到了大家的响应。淼淼从材料架上拿来一块棕色的布,尝试用布做房顶,大家纷纷表示同意并开始尝试。锐锐找来积木压住布的四角,可他们一拿开手,布就会立刻滑下来,他们因此而垂头丧气。

老师:"隔着布,用大雪花片试试看,可以固定吗?"

> 顺应幼儿用积木固定布的思路,以建议式语言鼓励幼儿尝试用大雪花片固定布,形成"平房屋顶"。

幼儿把布拉紧,诺诺拿着大雪花片,隔着布用力将大雪花片插进另一片大雪花片的凹槽里。"可以可以!"他们兴奋地喊着。

大家齐心协力，用这个方法将布牢牢地固定在四周的墙壁上，房子终于搭好啦！他们开心地笑着。

分析

幼儿游戏发展情况及教师支持思路

幼儿想用大雪花片插接、组合成三角形的"房顶"，虽然他们赋予了大雪花片新的意义，但他们尝试了多次，都没能成功，这表明幼儿对物品的操作水平仍处于熟练掌握阶段。幼儿在多次失败后能转换思路，提出搭建"平房"，并积极寻找可用作"平房屋顶"的材料，展现出良好的学习品质。针对幼儿遇到的无法固定布的问题，以及由此带来的幼儿积极性受到打击的问题，教师既要关注幼儿的情绪，也要引导幼儿思考解决办法。

教师的支持

教师发现幼儿遇到的难题后，及时介入，顺应幼儿用积木固定布的思路，以建议式语言"隔着布，用大雪花片试试看，可以固定吗？"重新调动起幼儿的游戏兴趣，引导他们成功搭建出"平房屋顶"。

启示及延伸

首先，面对因布料无法固定而导致的游戏情节停滞和幼儿自信心受挫的问题，教师除了可以用建议式语言指出解决问题的方向外，还可以尝试以游戏同伴的身份加入游戏，鼓励幼儿操作建构区的其他材料，引导幼儿创造性地使用现有材料或寻找替代物，在丰富幼儿游戏体验的同时，调动幼儿的积极性，激发他们的创造力，最终引导幼儿在实际操作、自主探索中找到解决问题的方案。

其次，通过观察幼儿搭建三角形"屋顶"的各种尝试，教师可以判断出幼儿当前的经验和现有的材料并不能支持幼儿实现想法。教师可以从以下三个方面帮助幼儿拓展、延伸经验，推动幼儿操作物品的水平向意义创新阶段发展。

1. 提供图片和实物模型,与幼儿一起观察、讨论三角形屋顶的特点。

2. 调动多种资源,丰富幼儿对房子的造型、特点等的认识。比如,饭后散步时,教师可与幼儿共同观察幼儿园里各类房子(教学楼、小农庄里小动物的房子、非机动车雨棚等)的特点,帮助幼儿积累丰富的生活经验。又如,请幼儿和爸爸、妈妈一起调查生活中的房子的类型、结构、所使用的建构材料等,并用拍照、绘画等方式记录。

3. 与幼儿共同收集适合用来搭建"房屋"的材料,如木条、柱子、铁丝、布、稻草等。

场景四:规划、布置温馨美丽的家园

房子搭好后,幼儿商量并规划各个房间的布局。

他们先在房子中间铺了一张野餐垫,确定了客厅的位置,然后在野餐垫的一端用纸盒搭建了电视柜和电视机,在野餐垫的另一边用长条泡棉积木做出沙发。客厅的左前方是厨房,他们用纸盒搭好炉灶,并放了一块大雪花片当作灶台。客厅的右侧是卧室,他们用纸盒为宝宝搭建了床并铺上了床单。幼儿在房子中看电视、做饭、照顾宝宝,玩得很开心!

图5 "客厅"与"卧室"　　图6 "家园"全景

诺诺还在房子周围建了一座花园,里面开满了五颜六色的花。幼儿一致认为,这是他们见过的最漂亮的房子,这里是最温馨的家园!

分析

幼儿游戏发展情况及教师支持思路

解决了前期的多个问题后,"房子"外形基本建成,在本建构游戏的最后阶段,幼儿自然生发出规划"房子"内部结构和陈设"家具"等游戏内容。幼儿在游戏过程中能够迁移生活中对房子内部结构的认识,规划出不同的"生活空间",使用多种材料搭建出各种"家具",再现生活场景,这是幼儿对物品的操作水平处于意义创新阶段的典型表现。

基于已搭建好的"房子",幼儿游戏的类型从建构游戏自然切换到角色游戏,幼儿在"房子"里有序开展角色游戏,体验着成就感和满足感。此时幼儿的游戏处于比较完善的状态,不需要教师的介入,只需让幼儿有充足的时间来体验游戏即可。

超级无敌号：从火箭到高楼

大班　建构区

案例背景

幼儿最近对彩色拼插积木棒产生了浓厚的兴趣。这套游戏材料包含长短不同的彩色小棒以及大小不同的彩色圆圈。在自主游戏时间，幼儿用长短、大小、颜色不同的拼插积木棒拼插出多种造型，丰富的造型引起了教师的好奇。为了了解他们使用材料的情况和造型经验，教师走进区域中，观察幼儿的游戏。

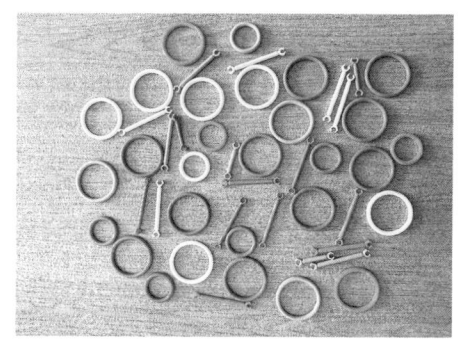

图 1　彩色拼插积木棒

场景一：搭建火箭

华仔、俊宝、鑫鑫、淡淡这四名男孩商量着要用彩色拼插积木棒搭建作品。

华仔："我们搭个什么呢？"

俊宝："搭个火箭吧。"

淡淡："搭个长方形的火箭吧，（可）我不知道怎么搭。"

俊宝："华仔，你觉得呢？"

华仔："我有一个好办法，我们就用圆圈和小棒吧，一个圆圈连一个小棒，把它们围成一个形状，怎么样？"

俊宝、鑫鑫、淡淡："就听华仔的，我们开始搭吧。"

鑫鑫："蓝色的好看，我们全部用蓝色（的）吧。"

他们开始搭建，鑫鑫、淡淡负责找蓝色拼插积木棒，华仔、俊宝负责连接、组合。只见他们先将四个圆圈和四根小棒依次连接起来，组合成一个基本单元，在做了两个基本单元后，又把它们用两根小棒连接起来，这样就形成了一截平面的火箭。火箭越搭越高，可平面的火箭很难立起来。

在游戏分享环节，教师请幼儿分享搭建过程，"抛"出"平面火箭不能立住"这个问题，并以"建筑想要立起来，应该怎么办？""什么样子的建筑能稳固地立起来？""立体建筑和平面建筑有什么区别？""什么样的立体建筑能够立得稳固？"等问题，促进幼儿积极思考，提取已有经验。

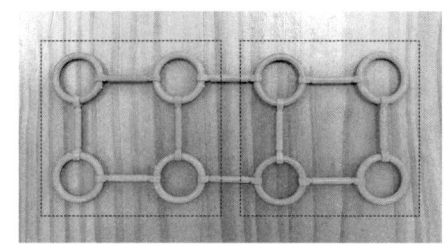

图2 幼儿用中间的小棒连接两个基本单元

本次游戏结束后，教师在班级中投放了一些立体的盒子，供幼儿观察、探究立体图形的特点。幼儿在尝试第二次搭建前，又进行了讨论。

鑫鑫："怎么把火箭变成立体的呢？"

华仔："我有一个好办法，像魔方一样，我们拼六个面，然后（把六个面）拼在一起，不就能立住了吗？"

俊宝："这个办法好，那我们一起拼吧。"

这一次，他们先搭好了六个平面的火箭，随后用小棒依次将平面火箭两两连接。连接的过程中，他们发现用六个平面火箭连接出来的立体火箭太大了，于是将平面火箭的数量减少到三个，重新连接后，他们拼搭出了箭身有六个面的立体火箭。

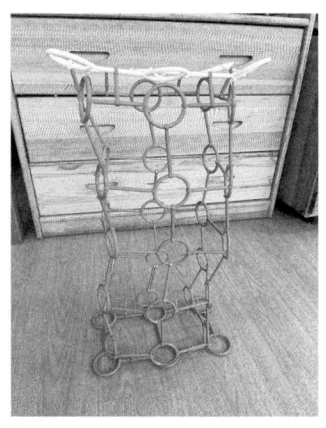

图3 幼儿拼搭的立体"火箭"

分析

幼儿游戏发展情况及教师支持思路

在这个游戏场景中，幼儿自发讨论确定搭建内容，并根据自己的想法合作建构平面"火箭"，他们有目的地挑选蓝色圆圈和小棒，以交叉连接的方式进行拼插，对材料的运用具有创造性，他们操作物品的水平都处于意义创新阶段。但当他们想将平面"火箭"立起来时，却遇到了挑战。此时教师应支持幼儿提升经验，将建构作品由"平面的"转化为"立体的"。

教师的支持

教师给予幼儿充分的操作与探索空间。当观察到幼儿建构的平面"火箭"立不起来时，教师提出具有挑战性的问题，激发幼儿思考，并提供实物材料（立体的盒子）供幼儿继续探索，丰富幼儿关于立体图形的经验，推动幼儿向着更高水平的意义创新阶段发展。

启示及延伸

在这个游戏场景中，幼儿先后遇到"平面火箭怎么搭""平面火箭立不起来""立体火箭怎么搭"等问题，但大班幼儿能够与同伴协商、合作，尝试解决问题，因此，在幼儿游戏过程中，大多数情况下教师只需要观察，给予幼儿自主发现问题、尝试解决问题的机会。教师应该基于不同的游戏情节以及幼儿能力发展的差异，考虑是否需要介入游戏，把握介入和指导的时机。

场景二：搭建更高的高楼

班级里，四名幼儿兴奋地展示搭好的立体火箭，他们在假装发射火箭的过程中展开了对话。

鑫鑫："这个（火箭）太矮了。要不我们拼个更大的（火箭）吧！"

淡淡："火箭比幼儿园的楼还要高。"

俊宝："要不我们就拼个高楼吧。"

华仔："高楼跟火箭不一样，高楼是一层一层的。"

鑫鑫："那我们要不要用积木搭？"

华仔："可以用四个圆圈和四个小棒子拼一层，然后再一层一层连接起来。"

淡淡："行呀行呀，我和鑫鑫负责拼，你和俊宝负责连接。"

十分钟过去了,高楼搭好了,四名幼儿开心地展示他们的作品。

明明:"这哪是高楼啊?这么矮!"(搭好的"高楼"仅到幼儿大腿的位置。)

华仔:"我们还没搭完呢!"

四名男孩情绪激动地继续搭高楼。

华仔:"竖起来看看有多高了。"

俊宝:"华仔,房子一站起来就晃,会不会倒呀?"

图4 幼儿搭建"高楼"的基本模块

华仔:"那应该怎么办呢?"

幼儿你看看我,我看看你,一下子想不出解决办法。

老师:"那我们住的房子怎么不倒呢?" 唤醒幼儿的生活经验。

俊宝:"我看见我家旁边盖房子的工地上有好多柱子。"

华仔:"那我们多加一些小棒,可以(帮助)固定吗?"

老师:"你们可以试一试。"

四名幼儿开始对高楼进行加固,加固后的高楼稳固了许多,于是,幼儿继续往上搭,可是刚搭了两分钟,因为下面的部分不稳,高楼倒塌了。

华仔:"那我们多加两根(小棒)看看?"

淡淡:"蓝色的已经不多了,怎么办?"

华仔:"其他颜色的也能用,我们就搭一个彩色的吧。"

在不断尝试后,最终他们在同一层的每面墙上都增加了一根小棒,每层共计增加了四根小棒,才使高楼变得足够稳固。

游戏分享环节,教师结合游戏中的具体情境,引导幼儿集体讨论"还可以怎样使高楼保持稳固",并提供了关于建造高楼的照片、视频。幼儿提出"立体(的)比平面

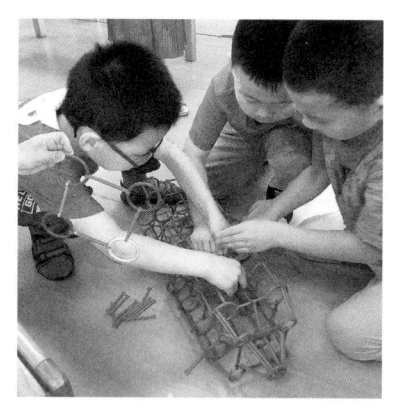

图5 幼儿给每层增加小棒,使"高楼"稳固

（的）更加牢固""每层楼都要调整得一模一样，要整齐，不能歪，才能保持平衡""楼层之间可以多加一些小棒，稳固了就不会塌"等想法，教师进行了记录。

分析

幼儿游戏发展情况及教师支持思路

幼儿建构游戏的主题由"火箭"调整为"高楼"，搭建方法由"逐面搭建之后再连接"调整为"逐层搭建后再连接"，在这个游戏过程中，幼儿对物品的操作水平处于意义创新阶段。但当他们产生新的游戏目的，即"搭建很高的高楼"时，幼儿虽能有目的、灵活地使用拼插积木，但是他们遇到了"高楼"不稳的问题。幼儿一时没有解决问题的头绪，对物品的操作水平处于操作摆弄阶段与熟练掌握阶段之间。教师需要思考怎样推动幼儿向更高的水平发展。

教师的支持

由于增强建筑物的稳定性所涉及的经验点较多，教师先以"那我们住的房子怎么不倒呢？"这个挑战性问题试探幼儿对现实生活中建筑物加固方式的认识，教师的试探成功调取了幼儿的生活经验，推动幼儿迁移日常观察建筑工地时获得的经验，想出了通过增加支撑小棒的数量来加固的办法，随后教师退出幼儿的游戏，继续关注幼儿的探究过程。幼儿不断调整小棒的数量，从而成功完成对"高楼"的加固工作，此时幼儿在教师的支持下重新回到意义创新阶段。

教师利用游戏分享环节，引导幼儿继续思考维持"高楼"稳定性的其他方法，丰富幼儿的建构经验。

启示及延伸

在这个游戏场景中，教师通过试探性的提问引导幼儿迅速想出了解决问题的办法，因此教师退出，让幼儿继续搭建。如果该问题超出了幼儿的经验范畴,他们在日常生活或阅读中并没有了解过真实的建造房屋的情况,教师可以采取其他方式助推幼儿丰富经验,例如,可以用实物图片启发幼儿思维,还可以询问幼儿在生活中或游戏中见过、用过哪些加固物体的方式,从而助推幼儿解决问题。

场景三:比一比,谁更高

游戏时间到了,幼儿又聚在一起搭高楼。

鑫鑫:"我们搭得越来越高了,和阳阳比一比,能不能超过他了?"

教师观察到,幼儿搭建的高楼,高度超过了阳阳的身高。

华仔:"阳阳,哈哈哈,我们的高楼比你还高啦!"

阳阳:"你们的高楼有多高呢?我妈妈昨天用身高尺量我(的身高),有1米32。"

华仔:"可是我们班没有身高尺呀。"

俊宝:"老师办公室有大尺子呀,我们去借一下。"

幼儿开心地从教师办公室借来了大尺子,可是新的问题又来了,大尺子的长度只有1米2,根本不够长。

鑫鑫:"我们用尺子拼呀!我们的书包里不都有小尺子吗?大尺子加小尺子就够了。"

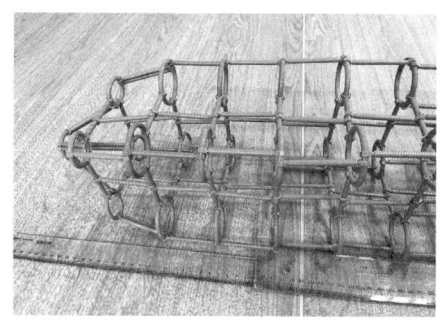

图6 幼儿拼接尺子测量"高楼"高度

他们纷纷从书包里拿来了20厘米长的小尺子,他们将高楼横放在地上,用拼接尺子的方法,最终测量出高楼的高度为1米45。

测量出高楼的高度后,他们商量着继续加高高楼。

华仔:"淡淡,你再多找一些小棒,我负责搭。俊宝,你还是负责固定。"

俊宝:"人少了,房子固定时老会歪,再喊几个人来帮忙吧。"

于是更多幼儿加入进来,高楼的每个面、每条边越来越整齐、坚固,高楼也越来越高了。

老师："哇，你们搭得真高，看起来比我还要高。"

> 以表扬式语言自然引出新的任务，引导幼儿继续测量。

华仔："老师，你有多高呀？"

老师："我有1米75哦。"

华仔："我们想个办法量一下（现在高楼的高度）。"

鑫鑫："我们继续用大尺子和小尺子量一下吧。"

幼儿继续进行测量，他们在大尺子的基础上，又连续放了6把小尺子，教师和幼儿一起读数，最终得出高楼的总高为2米05。

俊宝："那我们的高楼比1米75还要高呢！"

最后，他们给这座高楼起名为"超级无敌号"。

教师在游戏分享环节肯定了幼儿的测量方式，提出"还可以用什么方式测量"的问题，并根据幼儿的讨论结果，在区域中提供了长尺、卷尺、纸、笔等材料，鼓励他们继续开展测量活动。

分析

幼儿游戏发展情况及教师支持思路

幼儿以同伴的身高作为比较对象，加高"高楼"的高度，同时用拼接尺子的方式解决大尺子不够长的问题，最终完成了对"高楼"高度的测量，他们对物品的操作水平处于意义创新阶段。在游戏过程中，当需要更多人稳固建构作品时，幼儿能够寻求伙伴的帮助，当测量工具不够长时，幼儿能够创造性地运用测量工具，通过拼接的方式完成测量，可见，幼儿有较强的合作能力、问题解决能力和创造力。此阶段，教师对幼儿的支持可以是提出更具挑战性的任务，帮助幼儿巩固相关经验。

教师的支持

在此游戏场景中，教师以观察者的身份密切关注幼儿的游戏进程，没有影响幼儿的游戏体验，仅在关键节点以引出新任务的表扬式语言引发幼儿后续的游戏行为，推动游戏发展。

同时，教师在区域中提供了不同类型的尺子，鼓励幼儿在游戏过程中继续体验"测量"，丰富幼儿对测量工具的认识，增强幼儿对测量的兴趣。

启示及延伸

这个游戏场景给教师的启示是：教师在观察幼儿游戏过程时，要根据幼儿与物品和同伴互动的情况来判断应朝什么方向提供指导。当幼儿与同伴的互动处于互补/互惠阶段时，教师以问题鼓励他们继续有效合作；当幼儿对物品的操作水平处于意义创新阶段时，教师则考虑如何基于幼儿的现有水平推动幼儿向着更高的意义创新水平发展，比如对测量方法、测量工具的创新应用等。

教师不仅要关注幼儿在游戏过程中遇到的困难，还应该关注幼儿的自我发展；不仅可以在游戏现场挑选幼儿遇到的问题加以有针对性的指导，也可以通过肯定幼儿的游戏行为促发新的游戏动机。但这不代表教师可以完全不进行指导。在游戏分享环节，教师可以邀请幼儿讲述自己遇到的困难和采取的措施，帮助幼儿巩固经验，同时将个体经验转化为集体经验；还可以结合具体情况"抛"出更多开放性问题，如本游戏场景中教师就引导幼儿讨论"还可以用什么方式测量"，促进幼儿创造力的发展，并提供了新材料，为幼儿进一步丰富测量经验提供了物质支持。

我们造了一条长长的隧道　　大班　玩沙区·户外

案例背景

幼儿园材料库里新添了铁锹、护衣、各种容器和自然材料，游戏一开始，多名幼儿拿着工具在沙池里挖起了坑。有的幼儿把铲子斜插入面前的沙中，把沙铲起来抛向旁边，重复几次后，挖出了一个深坑；有的幼儿合作挖出一条浅浅的路线；有的幼儿拿着盆，不断地去水龙头处接满水，再端回来，将水倒入沙池中；还有的幼儿从材料库里找到一段较细的PVC管，将它放在挖出的路线的一头，接着陆续在路线中放入第二段、第三段PVC管，随后他接了一盆水，放在管道起始处，然后蹲在那里不断地用铲子盛水倒入管道中……幼儿饶有兴趣地玩沙、玩水。

图1　幼儿将PVC管放入路线中

图2　幼儿用铲子向管道中灌水

场景一：产生游戏主题——建造隧道

基于前期幼儿在游戏中的表现，本次游戏开始前，教师和幼儿一起讨论游戏内容。

老师："这次你们想怎么玩沙？"　　组织幼儿讨论游戏内容，尊重幼儿的自主权。

心心："我想挖坑。"

月月:"我想要挖隧道。"

豆豆:"我想要建沙堡。"

月月:"那你们的沙堡可以和我的隧道连起来呀!"

月月的这一想法得到了其他幼儿的一致肯定,众人纷纷行动起来。

迁移最初用 PVC 管铺设管道的经验,月月从材料库中搜集到更多的 PVC 管,然后带着轩轩、桐桐将它们一段接一段地铺在挖出来的浅坑中。

桐桐:"没有 PVC 管了。"

月月:"我也找不到了。"

轩轩:"我还找到了木板。"

轩轩把木板铺在了管道后面。搭建隧道的游戏因为 PVC 管的缺少而暂时停滞。

图 3 幼儿一段接一段铺设 PVC 管

游戏分享环节,教师与幼儿针对"什么材料可用于铺设隧道"这个问题展开了讨论。

老师:"建隧道用什么材料更合适?" 引导幼儿思考适合的游戏材料。

月月:"当然是 PVC 管呀。"

桐桐:"PVC 管好,它是圆的。"

月月:"PVC 管像真的隧道。"

老师:"但是 PVC 管不够怎么办呢?" 追问,引导幼儿深入思考材料不足问题的解决办法。

月月:"我们可以去其他地方找找。"

老师:"好办法!在幼儿园里其他区域找找 PVC 管。" 尊重幼儿的想法,支持幼儿的行动。

教师组织幼儿在园中搜集 PVC 管,并鼓励幼儿寻求家长的帮助,以搜集更多适用的材料。

分析

幼儿游戏发展情况及教师支持思路

游戏前，幼儿通过讨论商定了建造隧道这个游戏主题，随后有目的地搜集游戏材料——PVC 管，幼儿挖好沙坑并合作将 PVC 管铺在沙坑中，他们对物品的操作水平处于意义创新阶段，但是材料不足影响了游戏的进程，因此教师应重点支持幼儿发散思维，从多角度解决材料不足的问题。

教师的支持

为了推动游戏情节发展，教师在游戏分享环节组织幼儿开展了关于材料的讨论。教师先以"建隧道用什么材料更合适？"这个开放性问题引发幼儿思考，促使幼儿挖掘 PVC 管的特性，思考该材料与建构主题的适配度，从而帮助幼儿统一和明确对材料的需求。接下来，面对幼儿想在园内各区域搜寻材料的想法，教师给予语言和行动上的支持，不仅与幼儿一起搜集材料，而且发动家长搜集材料，为游戏的继续开展做好物质准备。

启示与延伸

面对材料不足的问题，除了提供更多的材料，教师还可以怎样支持游戏进行呢？游戏过程中，有幼儿出现了选用木板继续铺设的行为，教师可以以之为契机，启发幼儿思考如何通过铺设木板建隧道，或还能用什么材料完成铺设，以此鼓励幼儿探索用其他材料搭建隧道的方法。在面对材料不足的情况时，探索其他材料的用法是推动游戏继续进行的有力措施之一，不同的材料可能引发不同的游戏行为和过程，因此，教师在重视大部分幼儿对 PVC 管的需求的同时，也可鼓励少部分幼儿对其他材料进行操作、探索。

另外，考虑到因材料不足而导致游戏停滞不前，教师还可以在游戏停滞时介入游戏，通过聊天了解幼儿的真实想法，给予必要的支持，助推幼儿解决问题。

场景二：挖好的隧道不见了

材料库里新增了许多 PVC 管和接口，这些材料的到来让幼儿干劲十足。

比比拿着铲子挖沙，他先在一处挖了一个较深的坑，然后继续向前挖，挖出了一条深深的坑道。这时月月用直通接口将两根 PVC 管串联起来，随后将它放在比比挖出来的坑道里，接着又在 PVC 管的一端拼上了一个弯头接口，再连接了一根 PVC 管。全部完成后，月月将水管连接到水龙头上，开始向 PVC 管道里送水。比比走到铺设好的管道处，蹲下来用手拍了拍管子，又单脚站在管道上使劲地踩了踩。

图 4　月月（白衣男孩）向管道里送水

比比："老师，我发现之前挖的坑都没了，管子都在沙子上。我还发现我挖一下沙子，（坑道两边的）沙子就会往下流，挖的坑就不见了，这该怎么办呀？"

老师："你先想一想，我们一起找答案。"

> 不直接给幼儿答案，而是引导幼儿自主思考。

过了几分钟，游戏分享时间到了。教师邀请比比向其他幼儿讲述他发现的问题。比比自己并没有找到答案，教师启发其他幼儿思考。

老师："比比之前挖的沙坑为什么不见了？"

> 将问题"抛"给其他幼儿，引发大家的思考。

轩轩："是小朋友脚踩着沙子，一踩它（沙子）就会滑下去。"

心心："我挖沙子，也是挖一会儿坑就没有了。"

老师："挖沙的同时上面的沙子还会往下流，怎么办？"

> 以方向性问题引导幼儿思考解决办法。

月月："我往沙子里放水，沙子就不会流。"

豆豆："湿沙子可以造城堡。"

教师将幼儿的回答记录在大张白纸上。

为了支持幼儿在自主探究中求得答案，教师在班级区域中提供了验证材料——两盘干沙子、接水容器，鼓励幼儿用做实验的方式验证"湿沙不会流动"这个猜想。比比先用容器接水浇湿一盘沙子，然后用手指分别在干沙、湿沙上戳出一个洞，随后他两只手分别端着一个盘子同时左右晃动。停止晃动后他观察两个盘子里沙洞的变化情况，随后说："干沙子这边的洞被沙子盖住了，湿沙子这边的洞没有被盖住，只是水留在洞里。"教师请比比向其他幼儿分享了实验结果。

分析

幼儿游戏发展情况及教师支持思路

投放新的 PVC 管和接口后，幼儿在挖好的沙坑中重复连接 PVC 管。在该游戏场景中，幼儿的建构活动同时受到 PVC 管等建构材料和沙子这种物质的影响，虽然幼儿能熟练地操作 PVC 管，与 PVC 管的互动处于熟练掌握阶段，但是由于沙子一直流动，沙坑不断消失，幼儿没有找到解决办法，幼儿继续操作摆弄，探索沙子的特性。幼儿能熟练地使用 PVC 管，却不了解沙子流动的原因，遇到了认知挑战，教师要给予幼儿更多的操作与探索机会。

教师的支持

教师在游戏分享环节将"沙坑总是不见"这个问题"抛"给其他幼儿，引导幼儿自主猜想，并依据他们的猜测提供实验材料，鼓励、支持幼儿亲自操作、验证。教师的支持符合《3—6岁儿童学习与发展指南》提出的要"支持和鼓励幼儿大胆联想、猜测问题的答案，并设法验证"的要求。比比在实际操作、亲身体验中对沙子的特性有了具体的认识。在集体中分享实验结果，促进共性经验的形成，这为游戏的进一步发展奠定了基础。

场景三：如何让池塘盛水呢？

游戏开始前，月月画了一幅隧道设计图，并向参与搭建的幼儿做了介绍，随后大家开始分组搭建。

搭建过程中，他们基于"湿沙可塑性更强"的经验，提前在每处需要动工的地方浇水。挖坑工作完成后，月月开始铺设管道。他先铺了一截 PVC 管，然后找到 L 形的接口接在之前的管道口上，又拿来一截新的管子对准 L 形接口的另一头……很快，管道铺到了池塘位置。

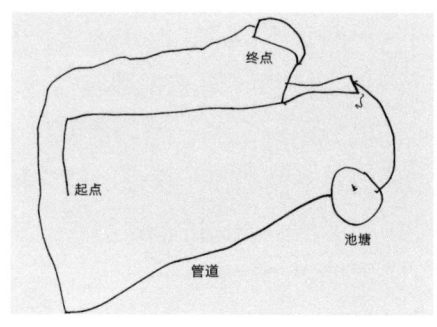

图 5　月月画的"隧道"设计图

月月："沙子把水都吸走了！池塘没有水还叫池塘吗？"

大家又犯难了。

老师："怎样才能在沙坑中存水呢？"　明确幼儿发现的问题，启发幼儿思考。

心心："可以找一找其他材料（把它）铺在沙坑里。"

月月从娃娃家拿来一块闲置的纱巾："这个可以用来盛（存）水吗？"

老师："你去试一试就知道了。"　鼓励幼儿在操作中验证猜想，获得答案。

月月和心心将纱巾铺在沙坑里，心心接来一桶水倒在纱巾上，水透过纱巾渗进了沙子。此时，轩轩在沙池的另一边挖了一处深坑："我这边的坑都挖到底了，也可以做池塘。"月月跑过去看了一下，从沙坑中拿走纱巾，把它重新铺在那个深坑里。

老师："纱巾不是试过了？你怎么又放在这里？"

月月："我不相信，再试一次。"

月月自己接水并把水倒进深坑里，水又一次消失在他的眼前。

图 6　幼儿在沙坑里铺纱巾

图 7　幼儿再次用纱巾做"存水试验"

老师:"纱巾为什么不可以用来存水?"　了解幼儿对材料的认识。

月月:"因为它有孔。"

圆圆:"我觉得用石头应该可以。"

老师:"为什么你觉得石头可以?"　了解幼儿的已有经验。

圆圆:"幼儿园的池塘里都是石头呀。"

老师:"没错,那我们试一下吧。"　肯定幼儿的想法,支持幼儿验证。

圆圆搬来一筐石头,将石头都铺在纱巾上,小宝随后将早已准备好的水倒了进去。倒一次,没有见到积水,小宝就重复运水,终于在第七次倒入水后,坑里出现了积水。

圆圆:"好像成功了。"

小宝也停下了运水的工作。可是等待了一会儿,水又消失了。

圆圆:"这个石头中间还是有好多缝隙。"

此时,消极的气氛笼罩着大家。

老师:"你们已经很厉害了,我为你们鼓掌!你们再找找,周围还有什么材料可以用来存水呢?加油加油!"　肯定幼儿的行为,疏解幼儿的消极情绪,鼓励幼儿继续思考解决办法,推动游戏继续进行。

殿殿在沙池周边继续寻找可用的材料,她找到一块木板,两手提着走过来:"这个能(用来)存水吗?"

老师:"你可以试一试。"　鼓励幼儿继续验证。

殿殿、月月、小博合力抬着木板,将它轻轻地放在沙坑里。然后月月将连接水龙头的软管放入沙坑中,开始放水。最后还是失败了,木板不能用来存水。

老师:"我和你们一起来试试其他材料吧。"

> 以同伴身份加入游戏,支持幼儿继续探索。

教师和幼儿在幼儿园中寻找材料。

小帅看见亭子里的砖头,说:"砖头能不能(用来)存水呀?"

老师:"不知道,我们来试一试吧。"

小帅弯腰抱起三块砖头,其他幼儿也纷纷抱起砖头,将其运到沙坑边。小帅拿起一块砖头,将其平铺在沙坑内的斜坡上,月月也拿起两块砖头,将它们紧挨着第一块砖并排铺好。小帅又搬来了两块砖头,将它们并排放在之前铺设的砖头旁……

小帅、月月依照沙坑的形状铺完第一批搬来的砖头后,月月转身大喊:"再弄点砖头!快弄点水泥!"(幼儿在生活中见过工人和水泥)当当用水桶装沙,和了一桶"水泥"递给月月。

在用"水泥"加固后,当当用小碗一次次地向砖头坑里倒水,砖头缝隙中的沙子在水的冲击下挤在了一起。

比比惊讶地说:"哎,砖头(坑)里有水了。"

图8 当当运"水泥"

月月看了一会儿,说:"我发现沙子吸够水后,就不会再吸水了。"

几人连忙接通水管向砖头坑里灌水,小帅高兴地拍着水面:"你看,砖头(坑)盛水了。"直到水漫延到最高处的砖头时,月月才停止放水。大家都沉浸在喜悦中。

小宇:"我们可以明天再看一看里

图9 砖头坑里出现了积水

面还有没有水。"

老师："来看看它到底能不能真的存住水？"

小宇："是的。"

幼儿和教师决定明天再来看一看。

分析

幼儿游戏发展情况及教师支持思路

幼儿设计"隧道"路线图，并根据设计图有目的地分组挖坑、铺管道，对物品的操作水平处于意义创新阶段。但当游戏进行到寻找材料建"池塘"的阶段时，如何让沙坑能存住水成为困扰幼儿的难题，此时他们处于操作摆弄物品的阶段。教师的任务是鼓励幼儿操作、探索多种材料，以推动幼儿从操作摆弄阶段向熟练掌握阶段发展。

在教师的支持下，幼儿将目光聚焦到砖头上，主动迁移生活中和水泥、垒砖的经验，用于"池塘"的建造。幼儿根据观察结果提出自己的猜测，即沙子吸够水后就不会再吸水，他们在原有经验的基础上产生了新的推理和思考，在此次游戏中暂时达成了让"池塘"存水的目的，幼儿对物品的操作水平进入熟练掌握阶段。

教师的支持

教师以"怎样才能在沙坑中存水呢？"这个问题，鼓励幼儿思考。在幼儿多次询问材料是否能起作用时，教师都没有直接给出答案，而是耐心引导幼儿在实际操作、亲身体验中寻找答案，帮助幼儿强化对材料的认识，丰富幼儿的游戏体验。在幼儿反复尝试均失败、有挫败感时，教师以游戏同伴身份加入游戏，以聊天形式持续鼓励幼儿。

整个游戏过程中，面对幼儿遇到的困难，教师多次提出开放性问题引导幼儿思考和探索能存住水的材料，并多次鼓励幼儿自主尝试，在动手操作中验证不同材料的存水性能；当幼儿失败时，以积极的语言鼓励他们，调动幼儿的游戏热情，为幼儿营造轻松的游戏氛围。教师给予幼儿充足的自主探索材料的机会，支持幼儿实践自己的想法，尽管前期幼儿经历了多次失败，但他们在游戏过程中获得的游戏体验是丰富的。教师在幼儿获得丰富的体验后介入幼儿的游戏，提供指导与支持，引导幼儿在实际操作中取得成功。

启示及延伸

本游戏场景中，教师一方面可以鼓励幼儿继续对材料进行探究，引导幼儿反思所用材料不能存住水的原因，总结材料的特性，并据此寻找更合适的材料，另一方面，还可以在集体讨论中引导幼儿交流遇到的问题，了解、调动其他幼儿的经验，鼓励其他幼儿共同思考，调动集体智慧，以解决问题。

场景四：用塑料薄膜存水

第二天，大家兴冲冲地来到沙池。

小宇："咦，池塘里的水没有了。"

月月："真的没有了。"

老师："为什么水没有了呢？" <small>引导幼儿思考用砖头存水失败的原因。</small>

饭团："是太阳晒的。"

圆圆："是水慢慢跑走了。"

比比："砖头中间还有缝隙。"

老师："那怎么办呢？" <small>引导幼儿继续寻找解决办法。</small>

圆圆："我知道塑料袋可以盛水，我们放塑料袋就可以了。"

月月："对，放个塑料袋！"

教师赶紧将搜集到的一块塑料薄膜提供给大家。几名幼儿各拉着塑料薄膜的一边，将它铺在砖头上，并将塑料薄膜的边缘踩实。月月迫不及待地打开水龙头，水源源不断地流进塑料薄膜铺底的沙坑里，并不流走，池塘真正地建成了！随后，幼儿继续按照设计图铺设管道，带池塘的隧道终于建好了！

图 10　幼儿往沙坑中放置塑料薄膜　　图 11　"池塘"建成了

　　游戏分享环节，教师以照片的形式向大家展示小池塘从无到有的建设过程，并请幼儿分享在此过程中遇到的问题和解决办法，增强了幼儿的游戏体验感和成就感。

分析

幼儿游戏发展情况及教师支持思路

　　在这个游戏场景中，幼儿再次发现水不见了，在教师的引导下，幼儿积极、主动地讨论与推测水消失的原因，随后迁移新的认知经验，使用"塑料薄膜"这个新材料达成了在"池塘"中存水的目的。在此过程中，教师的支持体现在顺应幼儿的发现，以问题引导幼儿积极展开讨论，分析水消失的原因和解决问题的办法。

　　同时，在"建构隧道"的游戏过程中，幼儿探索了不同的游戏材料，尝试了多种方法，得到了不同的结果，他们获得的经验比较零散。教师需要引导幼儿回顾整个游戏过程，帮助他们串联、巩固所获得的有益经验。

教师的支持

　　针对仅用砖头铺底的沙坑存水失败的问题，教师以"为什么水没有了呢？"这个问题引导幼儿思考又一次失败的原因，教师再以"那怎么办呢？"这个问题了解幼儿是否有新的想法，推动了问题的解决，也使游戏继续进行。

最后，教师在游戏分享环节，帮助幼儿梳理、巩固获得的经验，增强幼儿的成就感。

启示及延伸

教师的支持体现在及时为幼儿提供有效的材料，这是"有准备的教师"的典型表现。这里需要注意的是，教师并不是直接将准备好的材料拿出来交给幼儿，而是顺应幼儿的思路及时提供材料。如果幼儿一时还想不到用"塑料薄膜"这种材料，教师可以通过视频、图片提示等方式"迂回"地让幼儿获得相关经验，最后想到可利用"塑料制品"存水。

创意编织

> 大班　美工区·户外、室内

案例背景

最近，幼儿对编织产生了兴趣。女生的花式辫子、好看的毛衣等都是他们讨论的话题。教师结合幼儿的经验，在户外美工区投放了麻绳，幼儿充满兴趣地进行了探索和操作。

场景一：尝试用两股麻绳和自然物编织

北北剪了一段麻绳，准备编织。为了保护北北的兴趣，使他能顺利进行编织，教师帮助他将麻绳系在横于两个木桩之间的长绳上，形成顶端固定的两股绳子。北北将两股绳子交叉，并将其中一股绳子穿进交叉形成的洞里，拉紧，从而将麻绳简单打结。北北重复打结，在打第四个结时，他找来一块石头，将它编进了结里，接着又按照之前的打结方法打了三个结。

老师拿来一颗无患子果实，说："你能把这个编进去吗？" ▸ 提供小的、光滑的材料，对幼儿的编织技能提出挑战。

北北好奇地看了看，说："老师，你帮我扶着，我来试试。"

北北成功地将无患子果实编织了进去。随后，他在周围环境中又找了一些石头、树叶、蜗牛壳等自然物，并尝试将它们编织进去。

游戏分享时间，教师邀请北北在集体中介绍自己的编织作品。

老师："北北，今天你编了什么？" ▸ 鼓励幼儿展示自己的作品。

北北："我编了一个（条）长长的绳子，编了很久。"

老师："你用到了什么材料呢？" ▸ 鼓励幼儿介绍自己使用的编织材料和编织方法。

北北："我就用的麻绳，还有我捡到的石头、叶子，还有这个果子。我就是把它们放进我打结的洞里。"

老师:"北北的编法很有趣,石头、叶子、果子都有,我们还可以找到哪些不一样的材料呢?"

> 鼓励幼儿发散思维,思考可用的自然物。

洋洋:"地上的花!"

乐乐:"还有小草。"

老师:"那下次我们可以在幼儿园寻找更多不一样的东西来编哦!"

本次游戏结束后,教师又往区域中投放了不同粗细的绳子,同时提供了剪刀、打孔机等工具,支持幼儿继续对编织进行探索。

分析

幼儿游戏发展情况及教师支持思路

北北自发地用交叉打结的技能重复给两股麻绳打结,他对物品的操作水平处于熟练掌握阶段。他已不满足于单纯用绳子打结的行为,开始尝试将自然物与麻绳结合,提高打结的难度。教师观察到他的尝试行为,也发现他挑战一次后又退回到单纯进行打结的行为水平层面,基于此,教师的支持重点就放在挑战幼儿的编织技能方面,推动他进入意义创新阶段。

教师的支持

教师通过提供更小的、更光滑的无患子果实来对幼儿的编织技能提出挑战。幼儿挑战成功,并且教师的介入激发了幼儿将其他自然物也编进作品的兴趣,促使幼儿从当前的发展阶段,即单纯地用两股绳打结的阶段,向利用麻绳组合编织多种自然材料的阶段发展。

针对游戏中出现的这个新情节,教师抓住契机,在游戏分享环节,鼓励幼儿表达和梳理自己的编织经验,引发更多幼儿探索用绳子和不同自然物进行组合编织的兴趣。除此之外,教师还通过丰富编织材料支持幼儿的探索,并给予幼儿充足的操作时间。幼儿在巩固两股绳编织技能的同时,开始进行创意表现。

场景二：用两股绳进行创意编织

在随后几天中，幼儿继续探索用两股绳编织。除了继续将自然物编入作品外，有些幼儿自发地进行创意编织。

1. 镂空编织

帆帆将一段麻绳搭在长绳上，连续打了两个结（形成"死结"），将麻绳固定，随后隔了一段距离再连续打两个结（形成"死结"），两个"死结"之间出现了一个大的圆环。她重复地间隔一段距离打"死结"，使圆环与"死结"按照 AB 规律排列。

图 1　帆帆的 AB 规律"镂空"作品

2. 编麻花结

图 2　澄澄编麻花结

澄澄将麻绳挂在长绳上，用左右手的大拇指和食指分别捏住一股绳，不停左右交换、翻转，最终将两股绳拧成麻花状，并在结尾处打了一个结。

澄澄："这样就固定了，麻花就不会散开了。"

老师："我看见你将两股绳并拢，绳尾弯曲成一个圈，再把多余的绳从洞里塞进去，一个结就打好了。很棒！"

> 用语言客观描述幼儿的游戏行为，帮助幼儿理清思路。

澄澄："光有麻花好像有点不好看，老师，你能帮我在麻花上再打个结吗？"

老师："你结尾这个地方的结挺漂亮的呀，你可以用这个方法把结打在麻花上面。"

澄澄用之前的打结方法将结打在麻花上。

> 鼓励幼儿尝试用同样的打结方法实现自己的想法。

图3 澄澄在麻花上继续打结

澄澄:"可是上面还想再打结,怎么办?"

老师:"那你就继续打结,打结时(绳子)穿进去后先别拉紧,把结推到你要的位置再拉紧。"

在教师的提醒下,澄澄又打了两个结,几个结的间隔距离差不多。

3. 麻绳项链

淼淼说想用麻绳做一条项链,她先剪了一根长长的麻绳,以绕圈打结的方式把麻绳的两端分别固定在长绳上作为主绳,紧接着她剪了一段和手掌差不多长的短绳,她将这段短绳对折搭在主绳上,然后将短绳的两端交叉,将其中一端穿过中间形成的洞,进行打结。淼淼将短绳的两端连续

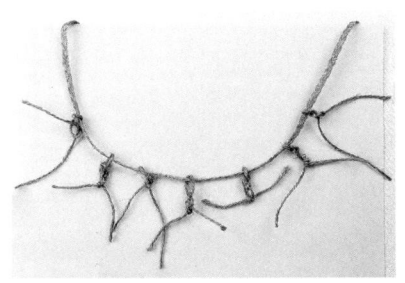

图4 淼淼做好的项链

打了两个或三个结,这样绳结就不会散开了。她总共剪了七段短绳,重复以上打结方法将七段短绳分别固定在主绳上,每段短绳上结的数量不同,打好结后绳子的长短也有差别。就这样,一条项链完成了。

4. 毛线耳坠

室内编织活动中,小苹果从材料盒中选了一根绿色的细毛线,她将细毛线在左手食指上缠绕,仅留了一点线头,然后顺着手指头把绳圈撸下来,并将线头穿过绳圈中间的孔,交叉打结系紧。随后她又找了一截铝丝,将它扭一扭、弯一弯,弯成一个耳朵的形状,将铝丝的尾部和刚才缠绕好的线团连接在一起。最后,她将桌子上的一颗白色珠子穿进铝丝里——她把铝丝稍稍拉直,就顺利地穿进了珠子中间的小孔。

图 5　小苹果将毛线在左手食指上缠绕　　图 6　珠子被穿在铝丝上

　　她又剪了一段绿色的毛线，重复缠绕、打结。这次她先将一小段铝丝和毛线扭在一起，然后又剪了一段铝丝，将其弯成了耳朵形状，随后将两段铝丝连接在一起。最后她想将一颗绿色的珠子穿在铝丝上，但发现珠子穿不进去，她尝试用力穿、拉，也没有成功。

　　老师："你看一下这个珠子的洞，有什么发现？"

> 以方向性问题引导幼儿思考铝丝无法穿过珠子的原因。

　　小苹果拿起珠子看了看，说："洞洞好小，铝丝穿不进去，可是刚刚的白色珠子我能穿呀。"

　　老师："那你看看白色珠子和绿色珠子有没有什么不一样的地方。"

> 引导幼儿通过观察、对比发现珠子孔洞大小的不同。

　　小苹果："老师，白色的珠子，洞比较大。"

　　老师："那你想想，要不要换个珠子试试？"

　　小苹果决定改用白色的珠子穿，还说："刚好两个珠子的颜色一样，是一对了。"

　　小苹果再次尝试，铝丝能穿过白色珠子。一对耳坠做好了。

　　教师对每名幼儿的编织作品进行拍照记录，并请幼儿在集体中分享、展示，鼓

图 7　小苹果做好的毛线耳坠

励幼儿介绍自己的作品。同时，教师继续为幼儿提供铝丝、锡箔纸、冰条线、绒绒线等材料，支持幼儿的持续性和创新性探索。

分析

幼儿游戏发展情况及教师支持思路

幼儿在游戏中熟练地掌握了两股绳的编织方法，在本游戏场景中幼儿开始加入一些新元素或者新材料，由前期简单使用麻绳打结或融入自然物编织发展到创意编织阶段。幼儿表现出了不同的编织技能和游戏创意：帆帆将两股绳间隔一段距离打结，其作品既呈现出镂空的特点，又体现出数学模式经验；澄澄左右手合作将麻绳拧成麻花并在需要的位置打结；淼淼先确定编织主题，以长麻绳作为主绳，以短绳打结作为装饰，编织麻绳项链；小苹果选用毛线这一新的编织材料，综合运用铝丝、珠子等材料，成功制作出毛线耳坠。

幼儿产生了新的游戏创意，并能借助材料和编织技能、打结方法等实现自己的想法，进入意义创新阶段。但过程中因为目的不同、编织方式和材料不同，幼儿遇到了一些困难，需要教师给予具体的帮助和支持。

教师的支持

澄澄想在麻花绳中间打结，向教师求助，基于她成功在绳尾打结的表现，教师以此为契机使她增强自信，以"你结尾这个地方的结挺漂亮的呀，你可以用这个方法把结打在麻花上面"这个建议，鼓励幼儿迁移经验进行尝试，并通过"那你就继续打结，打结时（绳子）穿进去后先别拉紧，把结推到你要的位置再拉紧"提醒幼儿继续向上打结时应注意的事项。

在观察到小苹果多次尝试将铝丝穿过绿色珠子均失败后，教师及时介入，以"你看一下这个珠子的洞，有什么发现？""那你看看白色珠子和绿色珠子有没有什么不一样的地方"等话语，引导幼儿思考铝丝穿不过去的原因，观察两种珠子的区别，启发幼儿选择适宜的材料。

基于幼儿制作项链、耳饰等的创造性表现，教师在观察、倾听、支持幼儿的同时，也用手机记录幼儿的编织过程和作品，通过集体讨论、分享、展示等形式，帮助幼儿感知编织虽然是普通的打结技能，但可以利用这个技能来制作项链、耳环等有特色的物品，帮助幼儿强化编织技能，丰富编织创意。同时，教师进一步丰富相关材料，以支持幼儿探索更多的材料组合方式，推动幼儿更大程度地发挥想象力和创造力。

场景三：用五根手指编围巾

佐佐："我有点想做一个可以戴的东西。"

老师："那你想做什么呢？" 〔了解幼儿的编织想法。〕

佐佐："可以织围巾，织好的围巾小朋友可以戴。"

老师："那要怎么编织呢？"

佐佐："可以用手指来编。"

老师："手指怎么编呢？"

佐佐（伸出左手五指演示）："把（冰条）线绕在手指上编。"

老师："啊！你是说把（冰条）线绕在五个手指上来编围巾呀。"

佐佐："嗯！我学了很久，现在我会了。"

澄澄："可是我不会。"

老师："澄澄，你也想用自己的手编围巾吗？" 〔了解幼儿参与游戏的意愿。〕

澄澄："我想！老师你教教我。"

老师："那今天我想请佐佐做小老师来教教你，跟着他学也能学会！" 〔以提议暗示经验不同的幼儿进行交往，鼓励有经验的幼儿与缺乏经验的幼儿结成学习小组，从而发挥同伴的榜样示范作用。〕

佐佐："我会，我来教澄澄吧。"

佐佐帮澄澄理好（冰条）线，然后给她团好一个（冰条）线团。

佐佐："先在大拇指上打个结。打结就不用教了吧？"

澄澄："嗯。"

佐佐:"在手指上绕两圈,把手指从下面的(冰条)线里穿出来,然后就可以重复编了。要是没有(冰条)线了,你就再团一个(冰条)线团,把它们打结连起来就好了。"

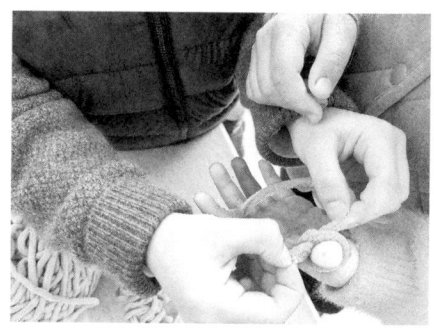

图8 佐佐用冰条线在澄澄大拇指上打好结

图9 佐佐指导澄澄将冰条线在手指上依次绕两圈

澄澄在佐佐的演示和帮助下,开始尝试练习五指编织的基本动作。

在澄澄编围巾的同时,佐佐选了一团白色绒绒线,也用五指编织法编织,不一会儿就编好了。

佐佐:"老师,我编了一个(块)抹布。"

老师:"这块抹布看起来很厚实啊。你为什么要用这个白(色绒绒)线呢?"

> 以开放性问题了解幼儿选用材料的想法。

佐佐:"这个(绒绒)线毛茸茸的,可以吸水,可以擦桌子。"

老师:"之前我看你用过冰条线,为什么不用那个呢?"

> 了解幼儿对不同材料的特性的认识。

佐佐:"我喜欢用冰条线编围巾。冰条线很容易断,也没有毛茸茸的线吸水多。"

图10 佐佐用五指编织法编成的抹布

分析

幼儿游戏发展情况及教师支持思路

在创意编织的基础上,幼儿提出了新的编织想法和需求,幼儿的编织活动从用两股绳交叉编织向五指编织过渡,编织作品从线性作品向平面作品过渡。对于幼儿新提出的五指编织技能,教师通过与幼儿聊天、观察幼儿的编织行为,了解到幼儿间存在着经验差异:佐佐已熟练掌握该技能,并能运用材料实现自己的想法;澄澄初次接触用手指编织,处于操作摆弄阶段。面对幼儿的新需求,教师应尽量予以满足,同时也要帮助经验不足的幼儿学习新经验。

佐佐选用冰条线指导澄澄编围巾,而自己改用白色绒绒线编织抹布,教师需要了解他选择材料时的想法,以更好地支持他的发展。

教师的支持

同伴的示范会影响幼儿游戏的质量。面对澄澄的学习兴趣,教师没有直接通过示范带领澄澄学习,而是通过"那今天我想请佐佐做小老师来教教你,跟着他学也能学会"这个提议,鼓励有经验的佐佐与缺乏经验的澄澄结成学习小组,由佐佐示范、带领澄澄学习五指编织技能。澄澄在佐佐的帮助下开始练习,逐步掌握五指编织的方法,由操作摆弄阶段向熟练掌握阶段过渡。

观察到佐佐改用其他材料编织抹布的游戏行为后,教师通过"你为什么要用这个白(色绒绒)线呢?"这个问题了解幼儿的想法,从中了解到幼儿对绒绒线、冰条线这两种材料的特性有一定的认识,能根据编织物的不同用途选择合适的材料。

启示及延伸

教师还可以请幼儿在集体中分享自己利用五指编织技能编织围巾的经验,展示自己编织的过程,对仍然没有掌握五指编织技能的幼儿,教师可以亲自示范,指导幼儿学会用手指编织围巾。

场景四：编包包

幼儿对五指编织充满了兴趣，他们反复编了很多长条状的编织物。

老师："你们用五指编织法编了好多长条（作品），（它们）除了可以当作围巾，还可以用来做什么？"   > 拓展幼儿对编织作品的用途的认识。

佐佐："抹布。"

枪枪："项链。"

老师："它们都是一条一条的，如果把它们组合起来，变成我们日常可以使用的物品，可以变成什么呢？"   > 鼓励幼儿发散思维，引导幼儿尝试组合编织作品，推动幼儿的技能由平面编织向立体编织过渡。

稳稳："帽子。"

雪莉："杯套。"

澄澄："我想做一个包包！把我的玩具都放在里面！"

枪枪："我想做一个彩色的包包。"

老师："为什么是彩色的？"

枪枪："我们每天散步时看到了好多颜色，心情很好。"

稳稳、雪莉："我也要做彩色的包包。"

于是，幼儿开始尝试。枪枪分别用黄色、白色、粉色、绿色冰条线编出了四个彩色长条状编织物。

枪枪："老师，怎么组合？我不会。"

老师："我们平时是怎么把两张纸连起来的？"   > 调动幼儿已有的连接经验。

枪枪："用双面胶。"

老师："是的，我们用双面胶把纸张连接起来。那什么材料可以将我们编好的长条（作品）连起来呢？"   > 以挑战性问题激发幼儿的创造力。

枪枪："铝丝可以。"

老师："铝丝是我们做首饰常用的材料，除了铝丝，还有什么材料呢？"

枪枪："我不知道。"

老师:"你看,佐佐鞋子上的鞋带有什么作用?"

> 引导幼儿观察实物,发现、关注"线绳也可用于连接"。

枪枪:"把鞋子系紧。"

老师:"那我们可以用线把编好的长条(作品)连在一起吗?"

枪枪:"我试试。"

枪枪剪了一小段线,然后拿起两个编好的长条编织物,她看了一会儿,最终将线先后穿过两个长条编织物的洞洞,然后交叉打结,将两个长条编织物连接起来。

老师:"你是怎么把它们连起来的?"

> 引导幼儿用语言描述自己的方法。

枪枪:"这(长条编织物)上面有洞洞,我把线穿过去(之后)打结的。"

枪枪将长条编织物两两连接,最终将四个长条编织物围合起来形成包身。她又编了一条很短的编织物,再用同样的穿绳打结法将新编的长条编织物的四条边与包身连起来,做好了包底。最后她编织了一条带子,系在包的两边。一个具有春日气息的小包做好了。

图11 枪枪用五指编织法编织的小包

分析

幼儿游戏发展情况及教师支持思路

虽然幼儿能熟练地用五指编织法编出若干长条状编织物,但是他们缺乏连接长条编织物的经验和技巧。整合幼儿的编织经验,推动幼儿的编织技能从平面编织向立体编织发展,是这个阶段教师对幼儿游戏的支持要点。

教师的支持

教师与幼儿开展了一次讨论,先是通过"(它们)除了可以当作围巾,还可以用来做什么？""它们都是一条一条的，如果把它们组合起来，变成我们日常可以使用的物品，可以变成什么呢？"等问题，引导幼儿结合生活经验思考编织作品的多样用途。随后，启发幼儿关注可连接作品的材料，引导幼儿观察鞋带，推动幼儿迁移经验，想到适宜的连接材料。最后，鼓励幼儿自主尝试用线连接编织物的方法。

最终，幼儿在教师一步步的指导下成功连接出包身，继而熟练地运用习得的方法连接好包底。幼儿游戏的情节正式进入立体编织阶段。

启示及延伸

教师在幼儿多次游戏后，可以结合幼儿的兴趣和需要，组织实施编织作品展览活动，鼓励幼儿展示自己的编织作品；也可以在编织游戏前，先请幼儿通过图画记录自己设计的编织图案、打算采用的编织方法等，然后带领大家欣赏图案的花纹、模式等，以帮助幼儿整合更多领域的丰富经验，编织出更多富有创意的作品。